本书得到国家自然科学基金项目（71702114、71672094、71572085）和首都经济贸易大学2017年度科研基金项目（00191762791026）资助

上市公司独立董事制度
有效性研究

基于独立董事功能分类的视角

王　凯　著

中国社会科学出版社

图书在版编目（CIP）数据

上市公司独立董事制度有效性研究：基于独立董事功能分
类的视角/王凯著.—北京：中国社会科学出版社，2017.12
ISBN 978 - 7 - 5203 - 1681 - 1

Ⅰ.①上… Ⅱ.①王… Ⅲ.①上市公司—董事会—研究
Ⅳ.①F276.6

中国版本图书馆 CIP 数据核字（2017）第 310737 号

出 版 人　赵剑英
责任编辑　卢小生
责任校对　周晓东
责任印制　王　超

出　　　版　中国社会科学出版社
社　　　址　北京鼓楼西大街甲 158 号
邮　　　编　100720
网　　　址　http://www.csspw.cn
发 行 部　010 - 84083685
门 市 部　010 - 84029450
经　　　销　新华书店及其他书店

印　　　刷　北京明恒达印务有限公司
装　　　订　廊坊市广阳区广增装订厂
版　　　次　2017 年 12 月第 1 版
印　　　次　2017 年 12 月第 1 次印刷

开　　　本　710 × 1000　1/16
印　　　张　13
插　　　页　2
字　　　数　181 千字
定　　　价　58.00 元

序　一

近年来，独立董事制度越来越受到学术界的关注，成为公司治理研究领域的热门话题。针对上市公司出现的内部人控制现象、经理人败德以及股东的剥夺问题，我国通过借鉴国外先进的公司治理经验，在资本市场上逐步建立起了独立董事制度，希望借助更多外部力量来实现有效制衡。独立董事制度，作为一种内部治理机制，是通过在董事会中设立独立董事，以形成权力制衡和监督的一种制度。它设立的初衷是为了加强董事会的独立性，改善公司治理结构，进而有效地解决内部人控制和控股股东掏空问题。但经过十余年的发展演变，我国独立董事制度真的有效吗？作者通过其独特的视角切入，以上市公司超额设立独立董事现象入手，对此问题展开深入的研究，并通过实证检验，最终给出了答案。在我看来，作者有其敏锐的观察力和独特的思维方式，通过多个视角透视问题并进行剖析，给读者呈现了非常清晰的研究框架，这非常值得我们学习。同时，本书的内容也有很多特色，具体如下：

首先，基于开放系统的视角探究独立董事制度的有效性。已有基于代理理论的研究大多把上市公司看成是一个封闭系统，主要聚焦于公司内部构造和行为，较少关注外部环境对独立董事制度有效性的影响。然而，在本书中，作者引入了组织理论中聚焦于组织与环境之间关系的资源依赖理论和新制度理论，将上市公司看成是一个开放系统，重点分析上市公司独立董事与外部环境的互动机制。这一逻辑特别注重对设立独立董事制度前向因素的挖掘，有助于综合分析上市公司设立独立董事制度的影响因素及其形成机制。同时，对于研究中国上市公司的其他治理问题也有一定的借鉴意义。

其次，通过识别独立董事的不同功能，厘清不同背景下独立董事发挥作用的不同机制。作者从上市公司超额设立独立董事的现象入手，通过问卷调查和实证分析，总结出独立董事的三种功能：监督功能、获取合法性功能与应对环境不确定性功能。之后，作者又聚焦于两种不同背景的独立董事：专业背景独立董事和官员背景独立董事，并对其进行了实证检验，识别其发挥的不同作用和参与公司治理有效性的差异。通过进一步研究，作者首先分析了专业背景独立董事的功能，发现与那些不具备实务工作经历的独立董事相比，实务界的会计背景独立董事的引入主要是基于效率机制，更能发挥监督作用；相反，来自高校的会计背景独立董事更多地发挥合法性作用。法律背景的独立董事也具有监督功能，但其监督功能并不因工作经历的不同而不同。作者还检验了具有官员背景独立董事的引入与外部环境之间的关系，研究发现，上市公司通过引入这类背景的独立董事，能够起到获取资源和信息的作用，从而更好地应对外部环境的不确定性。

最后，提出了进一步完善独立董事制度、发挥公司治理有效性的新思路。独立董事制度在我国经历了十余年的发展演变，然而，近来越来越多的企业、学者，甚至是媒体开始反思这种制度在我国的资本市场是否真正发挥了作用？出现了哪些问题？如何去解决？此外，我国的市场机制尚不健全，外部治理机制仍然不够完善，在这样的实践背景下，作者结合我国转轨时期的特殊情境，从多视角切入，检验上市公司独立董事制度的有效性，对我国上市公司相关部门完善上市公司独立董事制度和其他治理机制，提升独立董事制度的有效性，改善公司治理绩效，都具有很强的实践价值。

本书的贡献在于以代理理论、新制度理论、资源依赖理论等经典理论作为理论基础，提出独立董事具有三种不同的功能，并利用上市公司的数据，采用多种研究方法对研究假设进行了检验，对理论体系的丰富和完善有着重要的作用，对有关独立董事制度的后续研究也具有一定的导向性。

当然，本书也存在一定的研究局限和不足。囿于研究框架的限制，作者主要从专业背景和官员背景入手，未过多地涉及其他背景独立董事的功能。另外，除制度环境这一情境因素之外，独立董事功能的发挥还受其他一些情境因素的影响，作者并没有对其他相关因素进行更为深入的分析和提炼。但是，换个角度来看，这些也为我们学术界的后续研究指明了方向，值得我们在此基础上开展更为深入的研究，对学者有一定的启迪作用。

高闯　教授、博导
国务院学位委员会工商管理学科评议组成员
中国企业管理研究会副会长
首都经济贸易大学学术委员会主任

序 二

目前，公司治理已经成为海内外管理、经济、法律等学术界和实业界共同关注的一个全球性课题。30余年改革开放历程中的大量企业兴衰实践表明，公司治理建设已经成为中国企业实现可持续、协调发展的关键所在。

多年来，中国公司治理一直沿着从行政型治理向经济型治理转型这条主线来推进制度建设。按照斯科特（Scott）的划分，制度包含三大基础性要素：规制性、规范性和认知性。规制性过程包括确立规则、监督他人遵守规则，并且，如果有必要，还可以实施奖惩以影响未来的行为。事实上，中国公司治理制度自建设之初便具有很强的规制性特征，主要体现在三个方面：一是《公司法》中的大部分规定参考了英国、美国、日本等发达国家的公司治理实践。换言之，中国公司治理制度的最初构建源自《公司法》实行的制度移植。二是中国公司治理制度的扩散是通过自上而下的推行实现的，如独立董事制度的推行始于证监会发布的《关于在上市公司建立独立董事制度的指导意见》。三是中国公司治理制度的运行处在较强的监管之下，证监会、交易所等第三方有效地行使着监管职能。在规制性作用下，中国上市公司的治理结构基于强制机制实现了制度同型。以政府为主体的制度同型过程使上市公司治理的合规性明显改善，但处在规制性制度下的企业，其行为结构与规范结构往往是脱耦的。两种结构的脱耦降低了治理的有效性。有效的公司治理是与企业成长紧密结合的，其制度包含更多的认知性要素。认知性制度是由参与者基于主观认知建构的，这可以保证参与者的行为结构与规范结构的一致性，其建构过程是参与者为了消除外部环境不确定性而不断地进行试错、模仿及调整的过程。认知性制度可以保证企业的规范结构与技术、规模、生命周期、战略、环境等情境因素相适应，进而提升了制度的有效性。上市公司为了提升对外部环境的适应性，也基于自身的认知不断地建构着认知性公司治理制度。

自 1994 年《公司法》施行开始，中国的公司治理实践已经走过 20 多年的历程。李维安教授提出中国公司治理实践演变经历了"构建结构、完善机制、提升有效性"三个阶段，实践呼唤理论创新，这意味着公司治理的研究范式也要从理性系统模型向自然系统模型、开放系统模型发展。理性系统模型主要探讨公司领导权结构、独立性、专业性等结构因素的影响，强调的是公司治理结构正规化及目标具体化，进而实现公司治理有目的协调行动。随着学者对公司治理个体特征、群体差异以及非正式层级等非正式结构因素的关注，公司治理研究进入了自然系统模型时代，开始强调公司治理中所呈现出的社会行为非理性的一面。近年来，学者发现，转型环境中的主导逻辑通过塑造个体身份认同、影响利益偏好以及权力配置等渗透到公司治理结构中，只有从开放系统的视角才能更好地理解转型环境中公司治理的成因及本质属性，尤其是独立董事深受转型环境中的社会因素、非理性因素的影响，更需要从理性、自然、开放视角来探讨其行为机理。

王凯博士的专著正是从这个角度出发对上市公司独立董事制度的有效性进行分析的。该书基于公司价值最大化视角，探讨公司如何根据自身外部因素（技术环境和制度环境）和内部因素（股权结构等）超额设立独立董事，从而识别了独立董事的不同功能，并进一步实证检验了不同背景独立董事的不同功能。持有公司价值资本观点对独立董事的功能进行分析，对于完善我国上市公司独立董事制度及其他公司治理制度具有重要的实践启示，同时也对独立董事相关研究具有较强的边际贡献。

当然，该书仍存在一定的局限性。如果作者能够进一步检验不同背景独立董事的引入受公司何种内外部因素的影响，研究内容将更加丰富，研究结论也将更有说服力。期待王凯博士在未来的学术研究能够运用组织理论分析、解决更多的公司治理实践问题，继续为中国公司治理理论的发展贡献力量！

武立东　教授、博导
中国管理现代化研究会副秘书长
南开大学中国公司治理研究院常务副院长

前　言

　　关于独立董事的法律法规主要期待独立董事能够发挥监督功能。那么，独立董事到底有没有发挥相应的功能呢？除监督功能之外，中国上市公司的独立董事是否衍生出了新的功能？本书尝试对这些问题进行回答。

　　不同于已有研究，本书将上市公司看作一个开放系统，重点分析上市公司是如何通过设立独立董事与外部环境进行互动的。具体来说，本书首先从超额设立独立董事这一独特现象入手，通过引入资源依赖理论和新制度理论对这一行为的动因进行分析，识别了独立董事可能发挥的功能，包括监督、获取合法性及应对环境不确定性。随后，本书利用一份独特的问卷调查数据，分析了被调查者所感知到的独立董事功能以及这些功能的影响因素，从另一方面佐证了对独立董事功能进行划分的合理性。进一步地，本书对独立董事的不同功能进行实证检验。具体来说，以掏空问题作为研究背景对专业背景独立董事获取合法性的功能及监督功能进行了实证检验。此外，采用事件研究法及大样本实证分析法检验了官员背景独立董事所具有的应对环境不确定性的功能。

　　本书的主要结论如下：第一，通过对影响上市公司超额设立独立董事行为的因素进行理论分析与实证检验，发现上市公司之所以引入独立董事，是为了充分利用他们的监督、获取合法性以及应对环境不确定性等功能。第二，基于问卷调查数据的分析表明，被调查者所感知到的独立董事功能也可以分为三类。第三，基于代理理论和新制度理论对专业背景独立董事的功能进行分析发现，来自非实务界的会计背景独立董事有利于为上市公司获取合法性，而法律背景独立董事以及实务界会计背景独立董事的功能主要是进行监督。第四，基于资源依赖理论的分析表明，官员背景独立董事具有缓解外部环境不确定性的功能。

本书的创新之处主要体现在以下几个方面：首先，本书引入资源依赖理论和新制度理论分析中国公司治理实践，拓展了这两种理论的研究领域。其次，通过分析中国上市公司独立董事的三种不同功能，补充了已有关于独立董事功能的研究。再次，本书具体区分了专业背景独立董事发挥监督功能的特点，为分析独立董事的监督作用贡献了新的视角。最后，本书通过检验官员背景独立董事这种形式的政治关联在上市公司获取政府补贴中的作用，丰富了已有关于政治关联的研究。

总体上看，本书通过对独立董事的功能进行分类检验，发现在经历了十余年的发展后，上市公司独立董事制度体现出了一定的有效性。

目　　录

第一章 绪论

作为本书的切入点，本章主要在对本书的实践背景与理论背景进行介绍的基础上提出研究问题。在提出研究问题并明确了研究意义之后，根据研究目标和内容选择相应的研究方法与技术路线，并合理安排本书的整体结构。

第一节 研究背景与研究意义

一 研究背景与问题提出

自改革开放以来，为促进经济发展，国家一方面鼓励非国有制企业进入并参与到市场竞争中，为国有企业营造了良好的竞争环境。另一方面，通过推出一系列的放权让利政策以及改革国有企业产权制度，国有企业的效率也有很大提升。然而，在渐进的改革过程中，由于制度环境的不完善，企业在不断发展中开始涌现出一些问题，尤其是公司治理层面的问题。典型的问题有内部人控制、控股股东掏空等。

所谓内部人控制，是指在转型经济的企业，尤其是国有企业中，由于出资人缺位，导致企业管理者等内部成员掌握了企业在生产经营等方面的实际控制权。利用这种有利地位，内部人可以谋取私人利益，侵吞国有资产，侵害其他利益相关者的利益（青木昌彦，1995）。对于中国的国有企业而言，考虑到国有资产出资人并不能有效地履行其应有的职责，国有企业的所有权被弱化，加之外部监督机制的缺失，作为国有企业经营人员的内部人对企业的各项重大决策拥有绝对的控制权。因此，这种"内部人控制"现象在中国企业中普遍存在。一个例子便是陈久霖 2004 年在中航油新加坡公司从事石油衍生品交易，导致巨额亏损，国有资产大量流失。在这个例子中，作为中航油新加坡公司总裁的陈久霖，在未经母公司批准的情况下擅自进行业务扩张，从事场外期权交易。在从事该交易长达一年多的时间内，中航油母公司并不知情。究其原因，是因为陈久霖掌握着中航油新加坡公司的绝对控制权，集团母公司的风险管控制度如同一纸空文。这一典型的内部人控制问题暴露了国有企业监督机制的缺失，无论是外部还是内部。①

内部人控制问题是典型的第一类代理问题（Jensen and Meckling，1976），即管理者的行为违背了股东的利益。然而，在转型经济中，除第一类代理问题外，由于股权的高度集中，第二类代理问题也普遍存在，即控股股东利用自身优势，频繁地与上市公司进行关联交易，侵犯中小股东的利益，约翰逊等（Johnson et al.，2000）形象地称为"掏空"。国外学者对掏空的研究主要聚焦于家族企业，他们认为，尽管家族企业多由家族成员进行管理，从而降低了第一类代理成本，但家族控股股东的存在则增加了家族与企业外部人之间的信息不对称，为控股股东实施掏空行为提供了可能性。对于中国的民营企业而言，控股股东通常设计了复杂的金字塔股权结构。这种结构的设计一方面可以带来融资便利，形成有效的内部资本市场；另一方面则降低了公司的透明度，提供了实施掏空行为的可能性。李焰等（2007）分析了中国著名民营企业复星集团的股权结构，该集团的股权结构异常复杂。值得注意的是，在中国，掏空现象并非只存在民营企业中，其在国有企业中也广泛存在。例如，曾经在摩托车市场上名噪一时的济南轻骑由于被控股股东掏空，最终

---

① 《盘点央企境外资产流失七宗罪：很多项目以私人名义开展》，《中国经济周刊》，http://www.ceweekly.cn/2015/0413/108207.shtml，2015 年 4 月 13 日。

"驶离A股"。① 根据相关资料②，2000年年末，济南轻骑的应收账款与其他应收款合计26亿多元，而其资产总额为27亿元。此外，其他应收款中的12.58亿元是从应收账款转移过来的，因为这些应收账款不能到期偿还。控股股东轻骑集团对济南轻骑的巨额欠款，堪称中国证券市场上拖欠之最。最终，轻骑集团因为巨额亏损于2013年宣布进入依法破产程序，上市公司济南轻骑也于次年退出A股。除济南轻骑之外，其他国有上市公司也存在被掏空的现象，如猴王股份、五粮液等。控股股东掏空现象的存在，也充分体现了对完善的监督机制的迫切需要。

事实上，内部人控制和控股股东掏空问题并非是孤立存在的。有学者研究表明，控股股东为了顺利地实施掏空行为，会倾向于同管理层进行合谋。具体表现为：控股股东的掏空行为会降低管理层薪酬对绩效的敏感度，增加管理层的薪酬与额外收入，并降低CEO更替对绩效的敏感度（Wang和Xiao，2011；Guan，2013；刘善敏和林斌，2011；苏冬蔚和熊家财，2013）。关馨娇（Guan，2013）进一步指出，当外部制度环境较为完善时，控股股东与管理层之间的合谋程度降低。由此可见，外部监督机制的完善能够降低代理问题的发生率。然而，外部制度环境的健全与完善并非一朝一夕之功，需要一个过程。因此，在完善外部制度环境的同时，需要重视内部治理机制的强化。强化内部治理机制的重要一环便是在上市公司中引入独立董事。考虑到独立董事的选拔与任命保证其具有一定的独立性，这种类型的董事能够天然地进行内部监督和决策过程监督，从而可以有效地解决内部人控制和控股股东掏空问题。

为了有效地解决由所有者与经营者利益冲突所导致的第一类代理问题以及由控股股东与其他中小股东利益冲突所导致的第二类代理问题，中国政府通过借鉴发达国家的经验，开始自上而下地在资

① 《轻骑驶离A股》，《凤凰财经》，http：//finance.ifeng.com/a/20140212/116370
82_0.shtml，2014年4月12日。

② 怀刑：《济南轻骑——一条被大股东掏空的咸鱼》，《新财经》2001年第7期。

本市场中导入独立董事制度。引入独立董事的行为最早可见于在境外发行股票的上市公司，其目的是满足境外资本市场的合法性要求。1993 年，在中国香港联交所发行 H 股的青岛啤酒在公司中聘请了两位独立董事，是中国第一家引入独立董事的公司。而在中国境内 A 股市场上，第一项涉及独立董事的制度是证监会于 1997 年 12 月发布的《上市公司章程指引》，该指引指出，公司根据自己的需要选择是否设立独立董事，将是否设立独立董事作为一项可供选择的制度。国家经贸委同中国证监会于 1999 年 3 月联合发布了《关于进一步促进境外上市公司规范化运作和深化改革的意见》，明确规定了在境外上市的中国公司的独立董事设立要求。具体要求包括：外部董事在董事会中的比例应在 1/2 以上，且独立董事至少要有两名。随后，国务院办公厅在 2000 年颁布了《国有大中型企业建立现代企业制度和加强管理的基本规范（试行）》，指出公司可以选择在董事会中设立独立于公司股东且并不任职于公司内部的独立董事。可以发现，在 2000 年以前，中国上市公司独立董事制度仍处在萌芽阶段，并未出现强制要求上市公司设立独立董事的制度。

然而，随着时间的推移，相关部门开始强制规定上市公司必须设立独立董事。具体来说，2000 年发布的《上海证券交易所公司治理指引》，规定在上海证券交易所发行股票的上市公司董事会中独立董事不得少于两名，并且独立董事在董事会中的比例至少要达到 20%。此外，如果公司的董事长由控制公司的股东的法人代表兼任时，独立董事在董事会中的比例应达到 30%。紧接着，深圳证券交易所于 2001 年发布了《上市公司独立董事制度实施指引》，详细规定了独立董事的任职资格和职权责任等。这两项制度虽然就独立董事的设立进行了强制规定，但并不是针对所有上市公司。2001 年 8 月，中国证监会发布了《关于在上市公司建立独立董事制度的指导意见》（以下简称《指导意见》），标志着上市公司独立董事制度进入实质建设阶段。《指导意见》明确要求，境内上市公司对公司章程进行修改，聘请合适的人员在董事会中担任独立董事，其中至少要包括一名会计专业人士。此外，《指导意见》中还设计了阶段性目标：在 2002 年 6 月 30 日前，董事会中的独立董事至少达到两名；在 2003 年 6 月 30 日前，上市公司董事会中独立董事的比例至少达到 1/3。2001 年 8 月，南开大学公司治理研究中心课题组①推出了《中国公司治理原则（草案）》，在这一草案推出后，中国上市公司后续建立与完善独立董事制度便有了明确的、具体的操作方案。以《中国公司治理原则（草案）》为基础，证监会与国家经贸委于 2002 年 1 月 7 日联合发布了《上市公司治理准则》，该准则具体规定了上市公司独立董事制度、董事会中的专业委员会、董事会的议事规则等。

　　《指导意见》的发布，得到了其他相关部门的积极认可与响应。例如，中国人民银行于 2002 年发布了《股份制商业银行独立董事和外部监事制度指引》，中国保监会于 2007 年发布了《保险公司独立董事管理暂行办法》。此外，在中国的国有企业改革过程中，相关部门也在努力推进该项制度的建立与完善，旨在解决国有企业发展过程中的治理问题。例如，从 2004 年开始，国务院国资委开始筹备在部分中央企业中开展建立和完善董事会试点工作。考虑到中央企业董事会中需要很大一部分的外部独立董事，试点工作的稳步开展亟待独立董事制度的完善。值得注意的是，上述规定大都局限于部门规章或自治性规则，尚未上升到较高的法律层级，直到新《公司法》中关于独立董事的相关规定才使立法层次得以提高。此后，独立董事制度不再仅仅局限于国务院或证监会等相关部门发布的法规或规章，这进一步推动了独立董事制度在中国的发展与完善。具体来说，2005 年，十届全国人大常委会第十四次会议审议通过了新的《公司法》，独立董事制度明确写进了新的《公司法》中，规定上市公司的董事会成员中独立董事的比例不得少于 1/3；还规定独立董事享有除董事一般职权外的特殊职权，如对公司重大事项进行

---

① 已更名为南开大学中国公司治理研究院。

审核并发布独立意见，包括公司关联交易、聘用或解聘会计师事务所等，且这些事项需要经过半数以上的独立董事同意后方能够提交至董事会讨论。随着独立董事制度在较高法律层级上的确立，独立董事开始在完善上市公司治理中发挥重要作用。2014 年 9 月，中国上市公司协会发布了包含四十八项条款的《上市公司独立董事履职指引》。该指引的发布，对于规范上市公司独立董事制度，充分发挥独立董事这一群体的治理作用具有重要意义。在表 1 - 1 中，本书列示了独立董事制度相关法律法规的颁布时间与部门，以对独立董事制度在中国的发展历程进行总结。

表 1 - 1   独立董事制度在中国的发展历程

时间	法律法规	颁布部门
1997 年 12 月	《上市公司章程指引》	证监会
1999 年	《关于进一步促进境外上市公司规范化运作和深化改革的意见》	国家经贸委和证监会
2000 年	《国有大中型企业建立现代企业制度和加强管理的基本规范（试行）》	国务院办公厅
2000 年	《上海证券交易所公司治理指引》	上海证券交易所
2001 年	《上市公司独立董事制度实施指引》	深圳证券交易所
2001 年 8 月	《关于在上市公司建立独立董事制度的指导意见》	证监会
2001 年	《中国公司治理原则（草案）》	南开大学公司治理研究中心
2002 年 1 月 7 日	《上市公司治理准则》	证监会和国家经贸委
2002 年	《股份制商业银行独立董事和外部监事制度指引》	中国人民银行
2005 年	《公司法》	全国人大常委会
2007 年	《保险公司独立董事管理暂行办法》	保监会
2014 年 9 月	《上市公司独立董事履职指引》	中国上市公司协会

资料来源：笔者整理。

　　《上市公司独立董事履职指引》通过汇总独立董事制度相关法律法规，就独立董事履职的特别职权及独立董事可以发表意见的上市公司相关事项进行了规定，具体内容见表1－2。从表1－2中可以看出，独立董事除具有一般董事所具有的职权外，还具有一些特别职权，并可以就上市公司的一些事项发表独立意见。观察这些特别职权以及独立董事可以发表独立意见的事项，可以发现，相关法律法规主要期待独立董事能够发挥监督作用，从而维护股东权益。以此为基础，已有关于独立董事的研究也主要聚焦于分析独立董事的监督作用。例如，胡奕明和唐松莲（2008）研究发现，独立董事能够显著提高上市公司的盈余信息质量，尤其是具有财务背景的独立董事。关于对第二类代理问题的监督，唐清泉等（2005）研究发现，独立董事能够显著抑制控股股东以关联交易手段掏空上市公司的行为。

表1－2　　　　　　　　独立董事履职的特别职权及
独立董事可以发表意见的上市公司相关事项

指引条款	内容
独立董事 的特别职权	重大关联交易事项的事先认可权
	聘用或解聘会计师事务所的提议权，以及对公司聘用或解聘会计师事务所的事先认可权
	召开临时股东大会的提议权
	召开董事会会议的提议权
	在股东大会召开前公开向股东征集投票权
	必要时，独立聘请外部审计机构及咨询机构等对公司的具体事项进行审计和咨询
	法律、行政法规、部门规章、规范性文件、公司章程以及其他条文赋予的其他职权
就上市公司 相关事项 发表独立 意见	对外担保
	重大关联交易
	董事的提名、任免
	聘任或者解聘高级管理人员

续表

指引条款	内容
就上市公司相关事项发表独立意见	公司董事、高级管理人员的薪酬和股权激励计划
	变更募集资金用途
	制订资本公积金转增股本预案
	制定利润分配政策、利润分配方案及现金分红方案
	因会计准则变化以外的原因做出会计政策、会计估计变化或重大会计差错更正
	上市公司的财务会计报告被注册会计师出具非标准无保留审计意见
	会计师事务所的聘用及解聘
	上市公司管理层收购
	上市公司重大资产重组
	上市公司以集中竞价交易方式回购股份
	上市公司内部控制评价报告
	上市公司承诺相关方的承诺变更方案
	上市公司优先股发行对公司各类股东权益的影响
	法律、行政法规、部门规章、规范性文件及公司章程规定的或中国证监会认定的其他事项
	独立董事认为可能损害上市公司及其中小股东权益的其他事项

资料来源:笔者根据《上市公司独立董事履职指引》中关于独立董事职权的规定整理。

但是,已有基于代理理论分析独立董事监督作用的研究也存在一个不足之处,即这些研究更多地将上市公司视为一个封闭系统,聚焦于分析独立董事与公司内部结构和行为之间的相互关系。然而,组织理论的相关研究在经历了理性系统视角、自然系统视角之后,已经进入到了开放系统视角的研究阶段(Scott and Davis,2007)。鉴于此,在分析上市公司独立董事制度有效性时也需要考虑外部环境的影响。在本书中,我们将上市公司看作一个开放系统,重点分析上市公司是如何通过设立独立董事与外部环境进行互动的。

已有研究指出，组织的外部环境既包括技术环境，也包括制度环境（Meyer and Rowan，1977；周雪光，2003）。其中，技术环境是指外部环境中存在的那些直接影响组织实现目标的能力的要素，例如，供应商、顾客、竞争者、资本市场、生产技术等，也有学者称之为任务环境（Dill，1958；Thompson，1967）。对制度环境的关注开始于梅耶和罗恩（Meyer and Rowan），他们于1977年创造性地祭起了新制度主义的大旗，开创了组织社会学中的新制度理论。他们指出，面临技术环境，组织需要基于最大化的原则运营，以提高自身效率。而面对制度环境，组织需要采纳一些结构或行为以提升自己的合法性，不管这些结构和行为是否能够带来效率的提高（周雪光，2003；郭毅等，2006）。

对于上市公司独立董事制度而言，首先是外部环境中的制度环境对其产生了影响，而且是制度环境中的规制性要素（Scott，2008）。具体来说，《指导意见》规定，至2003年6月30日前，上市公司独立董事在董事会中的比例不得少于1/3。在这一制度的强制性作用下，大部分上市公司董事会中独立董事的比例定格在1/3。然而，如果所有上市公司独立董事的比例都维持在1/3的水平上，分析董事会中独立董事的比例将变得毫无意义。值得注意的是，上市公司除受制度环境中规制性要素的影响外，还受外部技术环境的影响，同时还有制度环境中的其他要素影响，如规范性要素。这些要素的相互作用使一些上市公司开始在独立董事设立方面体现出一定的差异性。本书认为，这一差异性的出现并不是偶然的，而是上市公司为了有效地应对其外部环境而进行自主治理所导致的。具体来说，这种差异性表现为一些上市公司董事会中的独立董事比例开始超出《指导意见》的规定，即1/3。在表1-3中，我们列示了中国主板上市公司中独立董事超过法定比例的公司数量及占样本总数的比例。考虑到《指导意见》规定了2003年6月30日的阶段性目标，该表中的起始年份为2003年。观察该表可以发现，总体上看，这一现象呈上升态势。本书把这一有趣的现象称为上市公司"超额

设立独立董事"。超额设立独立董事的现象为分析独立董事的作用
提供了良好契机，本书便从这一现象入手，通过分析超额设立独立
董事的原因，最终旨在探究上市公司独立董事制度的有效性。

表 1 - 3　　　主板上市公司超额设立独立董事现象的分布情况

年份	2003	2004	2005	2006	2007	2008
样本数量	781	869	921	997	1022	1105
独立董事比例超过1/3的公司数量	23	37	43	55	68	99
独立董事比例超过1/3的公司比例（%）	2.9	4.3	4.7	5.5	6.7	9.0
年份	2009	2010	2011	2012	2013	2014
样本数量	1131	1140	1171	1200	1196	1201
独立董事比例超过1/3的公司数量	124	111	116	124	126	108
独立董事比例超过1/3的公司比例（%）	11.0	9.7	9.9	10.3	10.5	9.0

资料来源：笔者根据国泰安数据库中的数据整理。

通过上述对研究背景的把握，本书基于开放系统视角，从上市
公司超额设立独立董事现象入手，通过整合代理理论、资源依赖理
论和新制度理论，分析了上市公司这一独特现象产生的原因，识别
了独立董事可能具有的功能。此外，利用问卷调查数据，本书证明
了独立董事功能区分的合理性。进一步地，通过检验不同背景独立
董事所发挥的作用，厘清了何种背景的独立董事具有何种功能。研
究结论对于进一步完善上市公司独立董事制度具有重要的实践启
示，对独立董事相关研究具有重要的理论贡献。

二　研究意义

（一）实践意义

独立董事这一群体在企业界和学术界一直受到广泛关注。近年

来，关于独立董事的媒体报道也层出不穷。例如，2012 年 5 月，《21 世纪经济报道》陆续推出了关于独立董事的多篇系列报道。其中，《A 股 5500 名独董档案》指出，A 股上市公司的 5500 名独立董事中，有 150 位兼职企业数量超过 3 家，甚至个别独立董事兼职数量多达 6 家，且分属不同的行业。在质疑了"忙碌"的独立董事能否起到相应的监督作用后，该媒体又在《独董入行指南：4.5 亿薪酬谁在塔尖？》一文中分析了一些行业中独立董事能够获得较高薪酬的现象。研究发现，房地产行业、银行业以及医药制造业更愿意为独立董事支付更多的薪酬。随后，在《独董江湖四派混战》一文中，该媒体对上市公司独立董事的背景进行了深入挖掘，发现独立董事的背景主要可以分为四类，包括高校学者、律师及会计师、在职及离任官员、利益相关方等。进一步地，该媒体分析了不同上市公司是否具有一致的独立董事阵容。《独董一场戏，有人喧嚣有人孤寂》一文指出，有的上市公司具有豪华的独立董事阵容，独立董事数量高达 8 位。然而，有的上市公司则仅有 1 名独立董事。在最后的收官之作《独董圈卧虎藏龙，前总理财神爷影视一哥齐现身》中，该媒体列举了一些名人加盟上市公司担任独立董事的现象。

除媒体的这种专题报道之外，当一些独立董事的相关政策出台之后，企业界与新闻媒体也开始就独立董事的作用等相关问题展开讨论。2013 年 10 月 19 日，为了贯彻落实中央关于从严管理干部的要求，加强干部队伍建设和反腐倡廉建设，中组部下发了《关于进一步规范党政领导干部在企业兼职（任职）问题的意见》（以下简称《意见》）的通知，明确规定了党政领导干部在企业兼职（任职）的相关问题。自《意见》出台后，上市公司中有官员背景的独立董事纷纷提出辞职。针对这一"官员独董离职潮"，媒体争相进行报道。例如，《中国经济周刊》统计了《意见》出台后至 2014 年 6 月 7 日的独立董事主动辞职情况，发现这一期间平均每月约有 33 名独立董事主动提出辞职。相反，在《意见》出台之前，每月主动辞职的独立董事仅有 10 名左右。① 此外，新浪财经专门设立了名为"反腐风声紧：独董离职或进入高潮期"的专题，就《意见》出台以来的独立董事离职现象进行讨论。除具有官员背景的独立董事外，在 2015 年 11 月教育部下发了《教育部办公厅关于开展党政领导干部在企业兼职情况专项检查的通知》之后，高校独立董事也纷纷提出辞职。2015 年 12 月，两位具有高校背景的独立董事被教育部通报处分。根据《中国经济周刊》分析，在官员独立董事被清理后，上市公司聘请大量的高校独立董事进行补缺。上市公司之所以引入这些高校独立董事，并非看重他们的专业知识，而是想利用他们的影响力。②

分析这些实务界对独立董事制度的讨论可以发现，媒体、企业、相关部门等在独立董事制度发展十余年之后，开始反思独立董事制度是否真的有效，以及在制度发展过程中存在什么问题。在这样的实践背景下，从多视角切入，检验上市公司独立董事制度的有效性，对中国上市公司的治理实践以及相关部门完善上市公司独立董事制度，具有一定的借鉴意义：

第一，已有检验独立董事是否发挥作用的实证研究多以独立董事特征为自变量，分析独立董事对公司行为的影响。而本书为检验独立董事制度的有效性，从上市公司超额设立独立董事这一独特现象出发，旨在通过挖掘公司设立独立董事的前向影响因素，识别出公司在引入独立董事时希望他们能为公司带来何种益处。对这些前向影响因素的分析，可以为上市公司决定是否引入相关独立董事提供决策参考。上市公司在制定关于是否引入相关独立董事的决策时，可以综合分析这些影响因素并结合自身特征全面地进行权衡，从而有利于提升决策的科学性。

---

① 《盘点中组部 18 号文发布后的"官员独董"离职潮》，环球网，http：//finance. huanqiu. com/data/2014 - 06/5022596. html，2014 年 6 月 17 日。

② 《高校独董现连夜闪辞潮：1 月内 270 多位独董辞职》，环球网，http：//china. huanqiu. com/article/2015 - 12/8229285. html，2015 年 12 月 22 日。

第二，在识别出上市公司期望独立董事所能发挥的作用之后，本书进一步检验了不同背景的独立董事是否承担不同的职能、发挥不同的作用。具体来说，本书研究结果表明，对于拥有会计背景的独立董事而言，与那些不具备实务工作经历的会计背景独立董事相比，来自实务界的独立董事更能发挥监督功能。这说明上市公司引入非实务界的，如来自高校的会计背景独立董事主要是为了满足《指导意见》的要求，即这类独立董事具有获取合法性的功能。法律背景的独立董事也具有监督功能，且其监督功能并不因工作经历的不同而不同。此外，对于具有官员背景的独立董事而言，事件研究的结果表明，他们的辞职会给一些公司带来价值损失。大样本的实证研究则表明，他们可以为上市公司带来更多的政府补贴，证明了"寻租"行为的存在。进一步的实证研究表明，官员背景独立董事为上市公司带来的政府补贴并不能得到有效利用。对不同背景独立董事所发挥功能的检验，回应了前述新闻媒体的相关报道中关于上市公司为什么引入不同背景的独立董事以及他们是否发挥作用的疑问，有利于相关部门重新思考如何进一步完善上市公司独立董事制度。

第三，本书的部分研究结果表明，上市公司中独立董事的引入，更多的是为了满足相关法律法规的合法性要求以及一定的规范合法性。例如，《指导意见》规定：上市公司董事会成员中独立董事的比例不得低于1/3，并且要有一名会计专业人员。相应地，多数上市公司的独立董事比例都定格在1/3，且引入了一名并不能充分发挥作用的来自高校的会计背景独立董事。即使一些上市公司独立董事的比例开始超过法定比例，它们也是为了获得规范合法性而模仿同行业中的其他上市公司。由此可见，上市公司独立董事的设立主要基于合法性机制，而所内生出的效率则十分有限。换言之，上市公司独立董事的运作更多地体现为形式理性，而非技术理性（Scott and Davis，2007）。这一发现也间接地表明，由政府自上而下推动的强制性制度变迁可能是低效的，而自发的诱致性公司治理制度变迁可能会有更好的效果。因此，上市公司应该尝试依据自身特征设计相机治理机制，才能提升公司治理的有效性。

（二）理论意义

本书通过融合代理理论、资源依赖理论以及组织社会学中的新制度理论，在分析上市公司为什么超额设立独立董事的基础上，进一步实证检验了独立董事的监督功能、获取合法性功能以及应对环境不确定性功能。研究成果对已有研究的理论贡献主要体现在以下四个方面：

第一，与已有研究将上市公司看作一个封闭的组织系统相比，本书从组织理论中开放系统视角分析中国上市公司的治理问题。通过将分析组织与外部环境关系的资源依赖理论（Preffer and Salancik，1978）和新制度理论（Meyer and Rowan，1977；DiMaggio and Powell，1983）应用于中国公司治理实践的相关研究，拓展了这两种理论的研究领域，为其提供了中国情境下的实证素材。同时，在应用组织理论解释中国上市公司独立董事运作实践的过程中，本书也有力地丰富了这些理论。例如，在分析上市公司超额设立独立董事这一行为的扩散时，本书深入挖掘了合法性机制的作用机理，发现了信号这一使上市公司能够获取合法性的微观基础。

第二，如前所述，考虑到相关部门在上市公司中导入独立董事的初衷是为了充分发挥其监督作用，完善公司治理，已有关于独立董事的实证研究主要聚焦于检验独立董事是否有效发挥了监督作用方面。在本书中，我们在揭示外部环境与上市公司超额设立独立董事之间的内在联系的基础上，实证检验了上市公司超额设立独立董事的前向影响因素，发现上市公司引入独立董事除想利用其监督功能之外，还想利用他们为公司获取合法性的功能以及有效应对环境不确定性的功能。通过进一步的实证检验，本书还发现，不同功能由具有不同背景的独立董事承担。可见，这些研究结论是对已有关于独立董事功能研究的重要补充。

第三，在检验会计背景独立董事的监督功能时，本书发现，相较于来自非实务界的会计背景独立董事，来自实务界的这类独立董事更能有效地发挥监督功能，因为上市公司引入前者更多的是为了满足《指导意见》的合法性要求。与已有关于独立董事监督作用的研究不同的是，本书具体区分了会计背景独立董事发挥监督作用的时点。通过分析会计背景独立董事对控股股东掏空行为的监督作用，本书发现，来自实务界的会计背景独立董事不仅能够有效地杜绝控股股东的掏空行为（事前、事中监督），而且在掏空行为发生后，可以与外部审计机构一起识别控股股东的违规行为（事后监督）。这一发现为分析独立董事如何发挥监督功能提供了新的研究视角。

第四，作为转型经济背景下的一种普遍现象，政治关联受到学者的广泛关注（李维安等，2010）。已有关于政治关联的研究取得了丰富的研究成果。例如，学者分析了政治关联对公司绩效（Fan et al.，2007）、公司融资约束（于蔚等，2012）的影响。在对上市公司的政治关联进行测量时，这些研究多数采用判断董事长及总经理是否具有政治身份的方法。然而，除这类政治关联可供上市公司利用外，还存在其他形式的政治关联可以便利企业与政府之间的"寻租"行为，而独立董事的官员背景便是其中之一。在本书中，我们通过分析官员背景独立董事如何为上市公司带来更多的政府补贴，检验了一种新形式的政治关联对上市公司的影响，丰富了已有关于政治关联的研究。

第二节　研究内容与本书结构

一　研究的主要内容

本书的主要目的旨在检验上市公司独立董事制度的有效性，在对已有基于开放系统视角的组织理论研究及关于独立董事的研究进行回顾与梳理的基础上，本书从以下三个方面入手考察独立董事制度的有效性：

第一，作为一种独特的现象，上市公司超额设立独立董事行为为本书研究的开展提供了良好的研究机会。鉴于此，本书从这一现象出发，基于资源依赖理论、新制度理论等组织理论识别出影响上市公司超额设立独立董事行为的因素，从而发现上市公司之所以引入独立董事，是为了充分利用他们的监督功能（与代理理论对应）、获取合法性的功能（与新制度理论对应）以及应对环境不确定性的功能（与资源依赖理论对应）。

第二，在通过分析上市公司超额设立独立董事的动因识别出独立董事的功能后，本书还利用问卷调查获得的数据，分析了被调查者主观感知到的独立董事功能以及公司特征等变量如何影响这些功能。问卷调查数据的分析结果表明，被调查者感知到的独立董事功能可以区分为监督、获取合法性和应对环境不确定性三种，佐证了本书采用上市公司客观数据对独立董事功能的分类。

第三，在识别出上市公司希望独立董事发挥何种功能后，本书进一步对独立董事的不同功能进行了实证检验。首先，基于代理理论和新制度理论分析了专业背景独立董事的功能。通过将新制度理论的合法性机制进行演绎，本书发现，上市公司引入来自非实务界的会计背景独立董事主要是为了满足《指导意见》的规定，从而获取合法性。相反，法律背景独立董事以及实务界会计背景独立董事的引入主要是基于效率机制，他们具有监督功能。其次，本书基于资源依赖理论检验了具有官员背景的独立董事应对环境不确定性的功能。一系列的实证研究表明，上市公司引入官员背景的独立董事可以为公司带来资源，缓解外部环境的不确定性。

总体上看，本书发现，在经历了十多年的发展后，上市公司独立董事制度体现出了一定的有效性。相关部门自上而下强制导入的独立董事制度开始内生出一定的效率，且衍生出一些新的功能。关于本书研究内容的逻辑关系见图 1-1。

二 本书结构

针对研究目标及研究内容，本书研究的基本框架大致如图 1-2 所示。

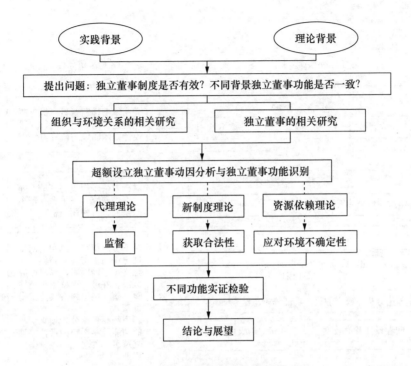

图 1-1 本书研究内容的逻辑关系

第一章是对本书的总体介绍。在本章中，我们在阐明本书的选题背景基础上，提出需要解决的问题，然后阐述了本书的主要研究内容，最后介绍为实现研究目标本书所采用的技术路线与研究方法。

第二章旨在通过回顾和梳理与本书相关的已有文献，突出本书对已有相关研究的边际贡献。由于本书基于开放系统视角分析独立董事在上市公司中的作用，因此，我们首先回顾了已有关于组织和环境之间关系的研究。这些研究从资源依赖理论和新制度理论出发，分别基于效率机制和合法性机制分析了组织外部环境对组织的制度层、组织战略与组织结构的影响。同时，本书对已有关于环境不确定性测量的研究进行了梳理。此外，我们在本部分对已有关于独立董事的国内外研究进行了回顾与梳理，具体包括五个方面：一是独立董事如何影响公司绩效；二是独立董事如何作用于公司具体

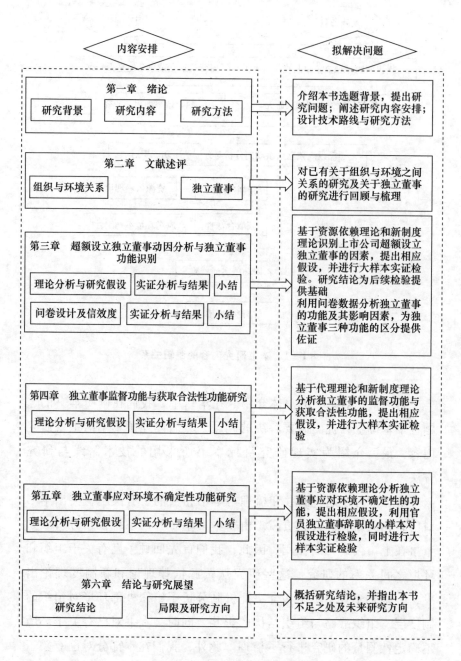

图 1-2　本书研究的基本框架

行为；三是独立董事的个人行为；四是独立董事网络的相关研究；五是上市公司引入独立董事的动因。

第三章从上市公司超额设立独立董事的独特现象出发，基于资源依赖理论和组织社会学中的新制度理论识别出环境不确定性、同行业中设立独立董事的公司比例、是否被 ST 等影响因素，提出关于这些因素与上市公司是否超额设立独立董事之间的关系，并选取主板上市公司样本，设计相应的模型对假设进行了检验。进一步地，本书对比分析了这些影响因素的作用在国有企业样本和民营企业样本之间，以及在不同行业之间是否存在差异，从而分析不同类型上市公司对独立董事的功能需求，识别出独立董事可能具有的功能。此外，在本章中，本书还利用中国上市公司协会与南开大学中国公司治理研究院联合成立的课题组对上市公司董事会履职情况进行调查的问卷数据，分析了样本公司被调查者所感知到的独立董事功能。通过分析测量量表的信度和效度，以及检验公司特征等变量与所测量的独立董事功能之间的关系，进一步佐证了本章通过分析超额设立独立董事动因所识别的独立董事的三种功能。

第四章和第五章继续对第三章所识别出的独立董事功能进行检验。第四章检验了独立董事的监督功能及获取合法性的功能。基于新制度理论，指出上市公司引入具有专业背景的独立董事主要是为了满足《指导意见》的强制规定以及外部利益相关者的认可，获取合法性。其中，只有那些真正具有实务工作经历的专业背景独立董事才能较好地发挥监督功能。在实证检验中，本书检验了专业背景独立董事对控股股东掏空行为的影响。本书不仅检验了专业背景独立董事对掏空行为的事前、事中监督，还检验了其事后监督的作用。进一步地，本书对比分析了专业背景独立董事的作用在市场化程度不同的地区是否存在差异。

第五章检验了独立董事应对环境不确定性的功能。具体来说，基于资源依赖理论，我们指出，上市公司引入官员背景的独立董事是董事会"增选法"（Preffer and Salancik，1978）的一种手段，旨在应对环境中政府这一要素所带来的不确定性。本书首先针对《指导意见》出台后官员背景独立董事辞职的小样本开展研究，证明了这类独立董事在上市公司中的作用。此外，结合已有关于政治关联的研究，本书指出，官员背景独立董事的引入能够为公司带来相应的资源，并通过验证大样本中官员背景独立董事与上市公司所获得政府补贴的多少之间的关系验证了这一假设。

第六章概括了研究得到的主要结论，同时指出了本书存在的不足之处，这些不足也正体现了未来的研究方向。

第三节　技术路线与研究方法

一　技术路线

本书研究的技术路线遵循实证研究的一般思路，具体可参见图1-3。观察图1-3可以发现：第一，本书在深入了解独立董事的实践背景及相关的理论背景基础上，揭示出需要解决的研究问题；第二，为实现研究目的，本书对研究问题进行了具体分解，旨在从多个角度对独立董事制度的有效性进行检验；第三，针对每一个具体的研究问题，通过理论演绎与逻辑推理，提出可供检验的研究假设；第四，在已有研究基础上选取变量测量指标，构建实证模型，收集上市公司数据，并采用相应的研究方法，对这些数据进行分析，解释分析结果，从而对之前提出的研究假设进行检验；第五，对实证分析结果进行总结提炼，通过与已有文献对话，突出研究的理论贡献，并阐述研究结论的实践启示。

二　研究方法

为了保证本书研究的顺利开展，需要选择合适的研究方法。结合本书的研究内容与研究目的，我们主要采用规范分析与实证分析相结合、定性分析与定量分析相结合的研究方法。规范分析是一种定性分析方法，其主要手段是通过借用已有成熟的理论演绎变量之

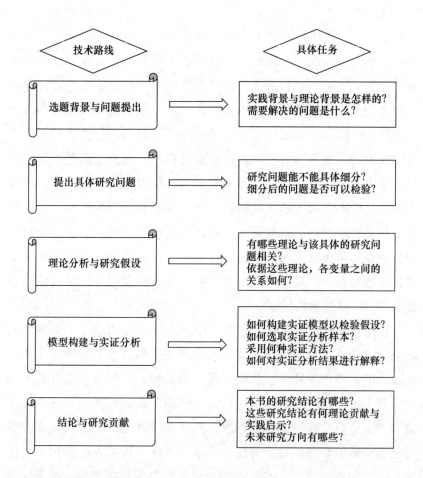

图 1 - 3 本书的技术路线

间的关系，主要回答"应该是什么"这一问题，即变量与变量之间
应该存在何种关系。而基于定量研究的实证分析方法则强调对经济
与管理实践进行客观的分析，从中归纳出相关结论，旨在回答"现
实是什么"这一问题。两种方法看似相互矛盾、相互排斥，实则相
互依赖、相辅相成。实证分析需要规范分析的演绎提供基础，而规
范分析则需要已有实证分析所归纳的结论作为前提。因此，本书将
这两种方法进行了有机结合，以对提出的研究问题进行回答。

为了检验上市公司独立董事制度的有效性，本书首先从独立董事制度运行过程中所体现出来的差异性切入。以代理理论、资源依赖理论和新制度理论为基础，本书识别出了上市公司超额设立独立董事的影响因素，并利用这些理论演绎出了这些因素与超额设立独立董事变量之间的关系。在规范分析之后，本书选取主板上市公司作为样本，采用统计描述与 Logit 回归分析方法开展了实证分析，以对演绎出的变量之间的关系进行检验与修正。在利用问卷数据分析独立董事的功能时，本书首先采用了验证性因子分析技术以检验独立董事功能不同维度的变量测量之间的区分效度。在检验了问卷数据的信度及效度之后，我们进一步将独立董事功能的三个变量对公司特征等变量进行了回归分析。考虑到通过问卷调查获得的横截面数据可能存在异方差问题，本书在回归分析时采用了广义最小二乘法（GLS）以规避该问题。

在识别出独立董事在上市公司中所发挥的作用后，本书继续对独立董事的不同功能进行检验。针对独立董事的监督功能与获取合法性功能，以代理理论和新制度理论为基础，我们对专业背景独立董事与上市公司控股股东掏空行为之间的关系进行了演绎和逻辑推理，指出来自实务界的专业背景独立董事比其他专业背景独立董事更能有效地监督这种第二类代理问题。随后，利用 A 股上市公司的数据，采用统计描述、OLS 回归、Logit 回归等分析方法，本书对演绎出的变量之间的关系进行了实证检验，并得到了稳健的结果。

针对独立董事应对环境不确定性的功能，以资源依赖理论为基础，本书通过理论演绎和逻辑推理，提出官员背景独立董事能够有效地应对外部环境的不确定性。在这种规范分析基础上，本书首先利用官员背景独立董事辞职的小样本，采用事件研究法分析了官员背景独立董事辞职给上市公司带来的影响，证明了官员背景独立董事的作用。此外，本书还选取 A 股上市公司作为样本，采用统计描述和 OLS 回归分析方法对官员背景独立董事和政府补贴之间的关系进行了实证检验。总体上看，实证分析的结果验证了规范分析推导出的假设。

第二章 文献述评

本章首先对关于组织与环境关系的研究进行了回顾，包括环境与公司制度、战略、结构之间的关系，这些研究有的识别了环境影响组织的效率机制，有的识别了合法性机制。同时，本章对已有关于环境不确定性测量的研究进行了梳理。本章还对已有关于独立董事的国内外研究进行述评，主要包括关于独立董事特征与公司业绩关系的研究、关于独立董事特征与公司具体行为关系的研究、关于独立董事个人行为的研究、关于独立董事网络的研究以及关于引入独立董事动因的研究五个方面。对已有研究进行回顾和梳理，既指出了值得研究的问题，也为下一章进行理论分析并提出假设奠定了基础。

第一节 关于组织与环境关系的研究述评*

已有相关研究主要分析了环境不确定性如何影响组织内部制度层、组织战略以及组织结构。汤普森（Thompson，1967）通过总结前人的研究，将组织看作受制于理性标准的开放系统。他认为，组织内部的制度层在处理环境不确定性的同时，还需要为其他两个层次提供确定性。换言之，组织内部的制度层首先受到外部环境不确定性的影响，而对这一层次的影响又会逐渐地传递到组织的整体战

---

* 本节主要观点发表于《管理学报》2012 年第 11 期。

略与结构。在这个传递过程中，不确定性逐渐消解为确定性（Preffer and Salancik，1978）。

一 环境不确定性对组织内部制度层的影响

（一）效率机制

为了降低环境不确定性，作为开放系统的组织需要不断地降低外部环境中要素的相对权力，从而减少对它们的依赖。汤普森（1967）指出，管理层外引是一种降低依赖的重要手段。继汤普森之后，其他学者也提出了类似降低对外部环境依赖的方法，如董事会"增选法"（Preffer，1972；Preffer and Salancik，1978）。普雷弗（Preffer，1972）通过分析外部环境中的特定要素如何影响董事会结构，指出公司规模、资本结构、国家及当地法律法规会影响公司董事会的规模及构成。沿着资源依赖理论的这一基于效率机制的思路，学者开展了大量实证研究。如前所述，经典的资源依赖理论文献认为，董事会作为制度层，在管理环境不确定性中发挥着重要作用。因此，相关实证研究主要集中于分析环境不确定性对董事会结构的影响。例如，兰格和洛克哈特（Lang and Lockhart，1990）分析了在美国航空业解除规制后，所导致的行业竞争和资本市场两个环境要素的变化是否会影响公司采纳连锁董事的策略。通过采用德斯和比尔德（Dess and Beard，1984）开发的环境不确定性测量指标体系，博伊德（Boyd，1990）进一步验证了这一命题。博克尔和古德斯坦（Boeker and Goodstein，1991）以美国加州 290 家医院作为样本，分析了外部环境对董事会结构变化的影响。此外，该研究还进一步分析了外部环境变化影响董事会结构变化的情境因素，即医院的绩效。具体来说，当医院的绩效较差时，医院更有可能根据外部环境的变化调整董事会结构。这种对情境因素的分析揭示了外部环境影响组织的微观基础（周雪光，2003），进一步佐证了资源依赖理论基本的效率逻辑。另外，希尔曼（Hillman，2000）的实证分析提出了一种董事会成员分类方法以有效地测量董事的资源依赖角色，也为资源依赖理论提供了实证证据。

以上研究聚焦于分析任务环境不确定性对制度层的影响，而在新兴市场情境下，还应该关注制度环境不确定性如何影响组织。在制度发展不甚完善的情境下，企业往往会通过建立政治关联以更容易地获得企业发展所需的资源（Agrawal and Knoeber，2001；Faccio，2005）。李维安等（2010）通过梳理已有关于政治关联的研究，发现企业建立政治关联的目的主要是获得较低的税率、更为优惠的投融资政策以及面临财务困境时政府的及时救助。资源依赖理论能够有效地解释企业的这种行为，即企业政治关联的建立能够降低对外部环境中要素的依赖。

（二）合法性机制

基于效率机制而建立的政治关联虽然可以为企业带来一定的益处（李维安等，2010），然而，这种关联一旦建立，其对企业的不利方面也开始出现，且可以用新制度理论中的合法性逻辑进行解释。例如，政治关联一旦建立，政府便开始向企业提出满足就业等目标要求，而这些无疑会影响企业的运营效率（White et al.，2008）。除满足就业目标之外，存在政治关联的企业还被要求重视职工福利。在这种情形下，企业从重视股东利益转向重视利益相关者的利益（Shleifer and Vishny，1994）。此外，Fan 等（2007）指出，一旦企业建立了政治关联，它们往往要承担更多的社会责任和政治责任。

分析这些研究可以发现，在存在政治关联的企业行为中，既体现了一定的效率逻辑，也体现了一定的合法性逻辑。政治关联影响企业行为的效率机制对应着李维安等（2010）所总结的政治关联的收益观，而合法性机制则对应着政治关联的风险观。总体上看，究竟政治关联的建立是否能够为企业带来价值，是由企业建立政治关联所带来的边际收益与它的边际成本孰大孰小决定的。

近年来，新制度理论开始被引入关于公司治理研究中，尽管相对来说较少。例如，在女性董事的相关研究中，学者引入了新制度理论（刘绪光和李维安，2010）。在强制、规范和模仿三种趋同机制中，主要是规范机制影响了女性董事在董事会中的引入。例如，法雷尔和赫希（Farrell and Hersch，2005）的研究发现，董事会中女性董事的引入主要是为了满足利益相关者的合法性要求，而非基于效率机制。此外，还有的学者比较了不同制度环境中董事会性别构成的差异（Terjesen and Singh，2008）。

二 环境不确定性对组织战略的影响

（一）效率机制

已有关于外部环境如何影响组织战略的研究主要建立在权变理论的基础上。分析这些研究可以发现，组织战略的选择主要是基于效率机制而对外部环境不确定性的适应过程，因为组织只有适应了外部环境的变化，才能够生存和成长。

经典的研究如波特（1980）指出，面对产业环境中存在的五种力量（分别来自供应商、顾客、竞争者、替代产品及潜在竞争者），组织会策略性地选择差异化、低成本及聚焦三种战略进行应对。在随后的研究中，波特（1985）继续深入分析了组织在不确定性环境下如何制定竞争战略。

Tan 和 Litschert（1994）在对中国电力行业的企业管理者进行问卷调查的基础上，分析了管理者所感知到的环境不确定性与组织战略之间的关系。在实证分析中，他们用问卷调查方式对感知环境不确定性进行测量，组织战略的类型划分则采用迈尔斯和斯诺（Miles and Snow，1978）在其经典著作《组织的战略、结构和过程》中的分类方法，即将战略划分为防御型战略、进攻型战略以及分析型战略等类型。研究发现，在环境不确定性程度较高时，管理者更可能采用防御型战略而非进攻型战略。并且，管理者防御型战略的采纳更可能带来较高的绩效。采用动态模型的实证分析方法（何铮等，2006），Tan 和 Tan（2005）随后利用相同的方法针对相同的样本进行了第二次研究。研究发现，随着时间的推移，外部环境三个维度的不确定性程度都逐渐降低。并且在新的情境下，企业更可能采用进攻型战略，更加注重长期利益。

波特（1980）指出，组织的战略自上而下包含公司层面、业务层面和职能层面三个层次。波特的研究侧重业务层面的战略，而 Tan 和 Litschert（1994）及 Tan 和 Tan（2005）的研究则更聚焦于公司整体层面的战略。此外，还有学者分析了环境不确定性如何影响组织职能层面的战略，例如，保罗和内威尔（Paul and Newell, 1987）。

分析 Tan 和 Litschert（1994）以及 Tan 和 Tan（2005）的动态研究可以发现，他们的对比研究已经涉及组织所面临的制度环境。不过，制度环境在他们动态的对比研究中仅仅作为一个情境变量，即认为制度环境随着时间的变化而发生了变化。除作为情境因素之外，制度环境还应该直接作为自变量进行深入分析（徐明霞等，2010），蓝海林等（2010）也指出，制度基础观已成为战略管理研究的新阶段。

彭维刚（2002）最早提出了战略的制度基础观，强调制度环境在企业战略选择中所发挥的重要作用。彭维刚和希思（Peng and Heath, 1996）此前也注意到了制度环境的这一作用，他们指出，转型经济中制度环境不确定性较大，为了消除不确定性，组织倾向于采用网络战略。很明显，这种战略的选择是基于效率机制的。其他学者也基于制度基础观分析了制度环境不确定性对组织战略的影响，例如，希特等（Hitt et al. , 2004）分析了中国和俄罗斯不同的制度环境分别如何影响企业战略伙伴的选择；彭维刚等（2005）则聚焦于分析制度环境如何影响企业的多元化战略。

近年来，学者开始分析环境不确定性对一些具体战略行为的影响。首先，一些研究分析了环境不确定性如何影响企业的创业活动。例如，Luo（1999）发现，外部环境动态性与中国乡镇企业的创业导向显著相关。李晶和项保华（2008）基于飞机在大气扰动情况下的飞行原理，模拟分析了环境不确定性对企业创业导向以及创业绩效的内在机理。关于环境不确定性如何影响企业创业活动的其他研究还有很多，王伟毅和李乾文（2007）对这些文献进行了系统梳理。除创业活动之外，学者还分析了环境不确定性与企业动态能力构建之间的关系。例如，李大元等（2009）发现，环境动态性和敌对性程度越高，企业的动态能力越容易得以提升。曾萍等（2011）进一步剖析了环境动态性影响动态能力提升的内在机理，发现环境动态性通过影响创业导向以及组织学习，间接地影响企业的动态能力。还有学者分析了环境不确定性如何影响企业创新，例如，约克和温卡塔拉曼（York and Venkataraman，2010）提出的命题说明不确定性会降低企业产品创新的可能性。他们认为，只有环境提供的关于新产品的信息及服务达到一定数量时，企业才会由于不确定性程度的降低而尝试生产、销售该类产品。李姝和高山行（2014）发现，当外部环境不确定性程度较高时，企业无力改变快速变化的环境，因此会降低创新力度。然而，一些研究的结论却与此相反。例如，米勒和弗里森（Miller and Friesen，1982）及汪丽等（2012）的实证研究发现，环境动态性会促进企业创新强度的提升。汪丽等（2012）分析了其内在原因，认为当外部环境动态性程度较高时，企业仅依靠改善已有产品等策略不能有效地满足顾客的需求。因此，它们需要不断进行创新，加大创新力度。类似地，文东华等（2009）在分析管理控制系统的探索性和利用性的二元特征时指出，环境不确定性会强化这一系统的探索功能，从而导致企业更加强调创新。苏敬勤和崔淼（2011）基于案例研究，剖析了环境不确定性影响企业内部调整的机理。他们发现，当面临环境动态性时，企业会逐步退出低附加值的产业并向高附加值产业转移，而这个过程无疑需要加大研发投入。郭海和沈睿（2012）分析了环境不确定性对商业模式创新的影响，发现环境中的技术波动和竞争强度会促进企业的商业模式创新。唐国华和孟丁（2015）分析了环境不确定性对开放式技术创新战略的影响，发现环境不确定性整体上可以促进企业向开放式创新这种战略进行转变。袁建国等（2015）综合已有研究，指出环境不确定性与技术之间是倒"U"形关系，并利用上市公司数据对此进行了证明。此外，一些学者还分析了环境不确定性对公司财务行为的影响，如戈什和奥尔森（Ghosh and Olsen，2009）发现，环境不确定性程度的提高会增加公司的盈余管理水平。申慧慧等（2012）分析了环境不确定性如何影响公司的投资行为，并对比分析了国有企业与民营企业所受影响的差异。环境不确定性通过影响企业的创业活动、动态能力、企业创新、财务行为等，也会对企业的绩效产生一定的影响，如罗森布什等（Rosenbusch et al.，2007）通过对已有研究进行元分析，发现环境不确定性与绩效之间存在显著相关关系。

（二）合法性机制

一些研究基于新制度理论，分析了环境不确定性如何基于合法性机制影响组织战略。当制度环境中的要素向组织提出要求时，组织往往会基于合法性逻辑采用默认或者遵守的战略进行应对。奥利弗（Oliver，1991）指出，除默认这一策略之外，组织还可以采取其他一些管理合法性的策略，包括妥协策略、回避策略、反抗策略和操纵策略四种。斯科特（2008）指出，为了拓展新制度理论，有必要将不同的制度环境放在一起进行比较分析。考虑到组织在进行国际化时会涉及不同的制度环境，这种类型的研究主要集中于分析组织的国际化战略。例如，Huang 和 Sternquist（2007）首先将斯科特（2008）划分的制度环境的三个维度（规制性、规范性和认知性）引入至国际化战略的相关研究中。国内研究方面，蓝海林等（2010）、徐明霞等（2010）也分析了制度环境的三个维度如何影响企业的国际市场进入模式。关于制度环境不确定性基于合法性机制影响组织战略的研究多为理论研究，除这些理论研究外，还有一些学者尝试开展实证研究，如阎大颖等（2009）。

三 环境不确定性对组织结构的影响

（一）效率机制

已有关于外部环境如何影响组织结构的研究主要也是基于权变理论进行的，经典的研究如劳伦斯和洛斯奇（Lawrence and Lorsch，1967）。随后，其他学者也基于权变理论分析了环境不确定性与组织结构之间的匹配关系。例如，Tung（1979）将环境不确定性区分为复杂性、动态性和程序性三个维度并分别进行测量，他们进一步发现，组织会调整结构以适应环境不确定性三个维度的不同组合。

然而，一些研究对分析环境与组织结构之间关系的权变理论提出了质疑。例如，莱弗和胡伯（Leifer and Huber，1977）指出，感知环境不确定性与组织结构之间的因果关系可能是组织结构影响感知环境不确定性，而非相反。另一项研究的发现也与权变理论相反（Koberg and Ungson，1987），其结论是外部任务环境的不确定性程度越低，组织越可能设计有机式的结构。国内学者也基于该理论分析了环境不确定性对组织结构的影响，如高山行等（2009）通过问卷调查研究发现，企业所面临的外部环境不确定性越大，越倾向于选择非产权合作创新模式。

在分析新兴市场中为什么会出现企业集团这种组织形式时，有学者基于经济学中的制度理论，分析了制度环境对组织结构的影响。具体来说，在新兴市场中，市场制度等基础设施尚不完善导致组织之间交易成本较高。为了节约交易成本，出现了企业集团这种组织形式。一些学者将这种企业集团出现的机理称为"市场失败"（Leff，1978；Goto，1982），Khanna 和 Palepu（1997，2000）则将其总结为"制度空隙"。

（二）合法性机制

由迈耶和罗恩（1977）提出的组织社会学中的新制度理论聚焦于分析组织结构和行为如何趋同的合法性逻辑。进一步地，有学者将合法性机制细分为强制机制、规范机制和模仿机制（DiMaggio and Powell，1983）。一些研究通过分析公司为什么采取 M 形结构实证检验了上述趋同机制。例如，弗利格斯坦（Fligstein，1985）的研究发现，在样本期间的前一阶段，如果公司倾向于选择与生产相关的增长模式，并且公司的领导者来源于销售部门或者金融部门，那么这类公司更倾向于采纳 M 形结构。在这种情况下，公司主要是基于效率机制采纳 M 形结构。然而，在样本期间的后一阶段，尽管前述因素仍然具有一定作用，然而，其他一些因素也开始影响公司M形结构。具体来说，如果焦点公司所处行业中采纳M形结构的其他公司较多，那么该公司也更倾向于采纳此种结构。这一发现证明了模仿机制在导致组织趋同中的作用。帕尔默等（Palmer et al.，1993）在此基础上的研究则更为全面，他们同时对强制、规范和模仿三种趋同机制进行了验证。具体来说，在验证强制机制时，他们分析了焦点公司M形结构的采纳是否受该公司所依赖的其他公司采纳这一结构的影响。在验证规范机制时，他们检验了焦点公司M形结构的采纳是否受其高层管理者教育背景的影响。在验证模仿机制时，他们分析了焦点公司M形结构的采纳是否受该公司所处行业中已采纳M形结构的公司比例影响。

四　环境不确定性的测量

不确定性是指人们因为缺乏一定的经验或知识，并且仅通过现有的经验或知识难以预见未来而进行定量分析的一种状态。作为开放系统的组织离不开环境，如巴纳德（Barnard，1938）指出，作为适应性系统的组织要生存下去，必须有效地适应外部环境。随后，迪尔（Dill，1958）通过分析组织所面临的任务环境如何影响其管理自治，将组织理论研究推向了开放系统的研究阶段。为了有效地分析外部环境与组织之间的关系，需要对外部环境进行评价。因此，学者开始引入了不确定性的概念，以评价外部环境（Thompson，1967；Lawrence and Lorsch，1967；Duncan，1972；Miles and Snow，1978）。

关于环境不确定性的来源与定义，不同的学者之间一直存有分歧，这种分歧主要在于感知环境不确定性与客观环境不确定性之间是否有区别（Child，1972；Downey et al.，1975；Tung，1979；Milliken，1987；Sharfman and Dean，1991；Priem et al.，2002）。具体来说，前者是组织的管理决策者所感知到的一种知觉现象，而后者则是指组织外部环境成分及其状态的客观描述（Bourgeots，1980）。有学者认为，环境不确定性不是客观存在的，它仅仅是一种知觉现象（Child, 1972；Downey et al., 1975）。这部分学者主要分析了感知环境不确定性如何影响组织战略选择（Bourgeots, 1980；Paul and Newell, 1987；Tan and Litschert, 1994；Tan and Tan, 2005）和组织结构（Lawrence and Lorsch, 1967；Leifer and Huber, 1977；Tung, 1979），以及组织内部的政治过程（Child, 1972）。然而，其他学者认为，仅仅分析感知环境不确定性是不正确的，比如汉布里克和斯诺（Hambrick and Snow, 1977）。他们指出，仅依赖感知环境不确定性可能会使组织研究者忽视对组织外部现象的关注，事实上，这也是对外部环境概念的忽视。

除了对环境不确定性的来源存在争议，学者还认为，不确定性并非单维变量，而是可以划分为多个维度进行测量。分析已有研究可以发现，大部分学者都将环境不确定性划分为复杂性、动态性和丰富性三个维度，尽管有时候在术语的表达上存在差异。

（1）复杂性。汤普森（1967）测量了环境不确定性的这一维度，他具体采用了同质/异质（heterogeneity/homogeneity）的术语，这一术语可以分析环境中的要素之间是相似的还是不同的。蔡尔德（Child, 1972）则认为，环境复杂性是指组织活动领域的异质性与范围。明茨伯格（Mintzberg, 1979）认为，环境复杂性包含两个维度：一是市场多元化程度；二是组织所需知识的复杂程度。沙曼和迪恩（Sharman and Dean, 1991）认为，明茨伯格的两个方面分别代表的是组织所需知识的宽度与深度，因此，他们也将这两项内容加入了测量指标体系。阿尔德里奇（Aldrich, 1979）、德斯和比尔德（1984）认为，任务环境中要素的数量、分布及多样化代表了复杂性。除此之外，邓肯（Duncan, 1972）、Tung（1979）、Tan 和 Litschert（1994）以及 Tan 和 Tan（2005）也对复杂性维度进行了测量。

（2）动态性。汤普森（1967）采用了稳定/变迁的术语对环境中要素的动态性进行描述，而蔡尔德（1972）则采用了可变性的术语以测量要素的动态性。明茨伯格（1979）、沙曼和迪恩（1991）

进一步对动态性划分了不同维度，认为动态性在测量市场变化的同时，还要对技术的变化进行测量。阿尔德里奇（1979）、德斯和贝尔德（1984）指出，环境中要素的波动性或难以预测的不连续性便是环境动态性。其他学者也测量了动态性维度，例如邓肯（1972）、Tung（1979）、Tan 和 Litschert（1994）以及 Tan 和 Tan（2005）。

（3）丰富性。蔡尔德（1972）采用了贫乏（illiberality）的术语对该维度进行了测量，用以反映组织任务环境中资源的可利用性。与之相似，德斯和贝尔德（1984）也认为，丰富性反映了环境中资源的可用性。明茨伯格（1979）及沙曼和迪恩（1991）进一步指出，丰富性也包含不同的维度，一方面环境可以向组织提供其成长所需的资源；另一方面环境中的一些要素还会与组织共同竞争这些资源。因此，需要同时测量丰富性的这两个方面。另外，阿尔德里奇（1979）、Tan 和 Litschert（1994）及 Tan 和 Tan（2005）也对丰富性维度进行了测量。

还有学者测量了上述三个维度以外的其他维度。例如，劳伦斯和洛斯奇（1967）的信息确定性、变化速率及反馈的时间跨度，Tung（1979）的程序性维度，以及米利肯（Milliken, 1987）提出的状态不确定性、效应不确定性及回应不确定性等。

表 2-1 按时间顺序对不同学者测量环境不确定性的维度进行了总结。如前所述，环境不确定性概念存在感知与客观的分歧，因此在该表的第 3 列中，我们列示了学者测量环境不确定性的视角。此外，表中最后一列中列示了不确定性的来源。

表 2-1　　　　　　测量环境不确定性的维度

文献研究	测量维度	客观或感知环境不确定性	来源
汤普森（1967）	同质/异质、稳定/变迁	客观	
劳伦斯和洛斯奇（1967）	信息不清楚、变化速率快、反馈不及时	感知	市场、科学和技术

续表

文献研究	测量维度	客观或感知环境不确定性	来源
蔡尔德（1972）	复杂性、可变性、贫乏	客观	
邓肯（1972）	简单—复杂、稳定—动态	感知	顾客、供应商、竞争者、社会政治和技术
迈尔斯和斯诺（1978）			供应商、顾客、资本市场、竞争者、工会和政府/管制机构
明茨伯格（1979）	复杂性、稳定性、威胁性	客观	
Tung（1979）	复杂性、动态性、程序性	客观和感知	
阿尔德里奇（1979）	地理集中度和异质性、稳定性和动荡、领域一致和容量	客观	
德斯和比尔德（1984）	复杂性、动态性、丰富性	客观	顾客、供应商、竞争者、技术
米利肯（1987）	状态不确定性、效应不确定性、回应不确定性	感知	
达尔夫等（1988）			竞争者、顾客、技术、制度、经济和社会文化
沙曼和迪恩（1991）	复杂性、动态性、丰富性	客观	顾客、供应商、竞争者、技术
Tan 和 Litschert（1994）、Tan 和 Tan（2005）	复杂性、动态性、威胁性	感知	竞争者、顾客、供应商、技术、制度、经济、社会文化和国际环境
李大元等（2009）	动态性、敌对性	感知	竞争者、顾客、技术

资料来源：笔者根据已有文献整理。

小结

通过对有关组织与环境之间关系的研究进行述评，本书识别了环境作用于组织的效率机制与合法性机制。同时，分析这些研究可以发现，关于环境不确定性对公司治理（制度层）影响的研究大多数是基于效率机制，而对合法性机制的关注略显不足。然而，事实上，新制度理论中的合法性机制无疑在中国自上而下的、强制性变迁的公司治理改革中发挥着重要作用。鉴于此，本书将组织社会学的新制度理论引入中国的公司治理研究中，探讨外部环境的两个方面——技术环境和制度环境如何作用于上市公司超额设立独立董事的行为，从而识别独立董事的功能。分析已有关于环境不确定性的研究还可以发现，相关研究对环境不确定性各个维度的测量已十分成熟，这为本书开展实证研究分析环境不确定性对上市公司引入独立董事的影响提供了坚实基础。

第二节　关于独立董事的研究述评

一　关于独立董事与公司业绩的研究

独立董事的设立是否有利于公司业绩的提高，一直受到公司治理领域的学者广泛关注。但是，学者尚未就此达成一致的结论。一些学者认为，独立董事的引入能够提高公司业绩；而其他学者则认为，两者之间不存在相关关系，抑或是负相关。

（一）独立董事特征与公司业绩正相关

伯利和米恩斯（Berle and Means，1932）指出，现代公司的所有权与控制权通常是分离的。自此之后，学者开始聚焦于这一现象，分析这种结构存在的问题以及如何解决这些问题。詹森和梅克林（Jensen and Meckling，1976）指出，现代公司的这种结构容易导致代理问题的产生。因此，怎样有效地解决代理问题就成为公司治理领域的核心问题。解决代理问题的手段有多种，引入独立董事便是其中之一。法玛和詹森（Fama and Jensen, 1983）采用规范分析的方法，指出独立董事能够有效地降低股东及管理者之间的代理冲突，从而提高公司业绩。

贝伊辛格和巴尔特（Baysinger and Bulter, 1985）指出，一些公司治理领域的相关研究仅分析了董事会的角色，而不具体分析董事会的内部结构。因此，他们的研究聚焦于董事会的内部结构，其主要观点是尽管不同公司所处的情境不同，董事会结构的一个共同特点应该是包含多种类型的董事。遵循这一逻辑，他们指出，在大公司的董事会中引入独立董事的公司治理改革是正确的，可以带来业绩的提升。他们的实证分析发现，公司董事会的独立性在20世纪90年代出现了较大幅度提升，并且70年代早期较高的独立董事比例带来了公司在70年代晚期具有较好的业绩。

莫克等（Morck et al., 1988）实证检验了公司高层管理者与外部董事的股票所有权如何影响其托宾 Q，以分析外部董事到底是不是高层管理者的傀儡。实证结果表明，高层管理者和外部董事的所有权都会正向影响托宾 Q。

舍伦格等（Schelenger et al., 1989）在对董事会结构与财务绩效之间的关系进行分析时，以调整风险后的市场回报对公司业绩进行测量，发现外部董事在董事会中的比例正向影响公司业绩。

罗森斯坦和怀亚特（Rosentein and Wyatt, 1990）实证检验了任命外部董事如何影响公司市场业绩，发现外部董事的任命可以带来正的股票市场回报。进一步分析表明，外部董事的价值效应不因其背景的不同而不同。研究结果说明，外部董事的引入是为了最大化股东价值。

麦卡沃伊和米尔斯坦（MacAvoy and Millstein, 1997）认为，独立于经理层的董事会可以称为"专业董事会"，并指出，这种类型的董事会能够带来更高的投资者回报。利用一个面板数据进行实证研究，他们发现，"专业董事会"的存在显著正向影响投资者的超额回报。

菲奇（Fich, 2005）提出了这样一个疑惑：如果某种特定类型董事的引入对公司的价值并无显著影响，那么应当怎样解释上市公司迫切地引入独立董事这一现象？通过实证分析，菲奇发现，任命外部董事的公司的股价反应相比那些没有任命的公司更高。此外，在稳健性分析中，他采用了超额回报率作为因变量，发现两者之间的关系仍然在统计上显著为正。

Chan 和 Li（2008）将在其他上市公司中担任高层管理者的独立董事定义为专家型独立董事，并检验了他们主导的审计委员会中的存在能否提升公司价值。利用财富 200 强公司作为样本，实证研究证明了专家型独立董事的这种作用。

Liu 等（2015）提供了关于中国董事会独立性与公司绩效之间关系的稳健证据。他们发现，在中国，独立董事整体上对公司的运营绩效有正向影响。通过采用工具变量法、双重查分等方法，结果依然稳健。进一步检验发现，董事会独立性与公司绩效之间的关系在政府控制的公司及信息获取成本较低的公司中更强。此外，他们证明了独立董事之所以有提升业绩的作用，至少部分归因于他们能够限制内部人交易及提高投资效率。

国内也存在大量研究证明了中国上市公司的独立董事对公司业绩的正向影响。例如，吴淑琨等（2001）指出，非执行董事代表大股东的利益，并且有些非执行董事还持有上市公司的股票。因此，非执行董事履行职责的动力比较大。实证分析中，非执行董事比例正向影响公司业绩的发现证明了这一假设。王跃堂等（2006）系统地检验了中国上市公司独立董事相关变量如何影响公司业绩，发现独立董事比例显著正向影响公司业绩。在采用两阶段最小二乘法对内生性加以控制后，上述正相关关系仍然存在。在进一步检验独立董事背景特征对公司业绩的影响时，发现独立董事声誉显著正向影响公司业绩。姚伟峰和鲁桐（2010）在采用随机前沿分析方法对企业效率进行计算后，发现独立董事的津贴显著正向影响企业效率。赵昌文等（2008）采用家族企业样本进行分析，发现独立董事比例能够显著提高公司业绩。此外，他们还分析了独立董事的背景特征对公司业绩的影响，识别了一些对公司业绩有正向影响的独立董事背景特征。郝云宏等（2014）的研究表明，独立董事的平均学历越高，其对企业短期绩效的提升能力越强。

（二）独立董事特征与公司业绩负相关

赫马林和威斯巴赫（Hermalin and Weisbach, 1991）的实证研究得到了与上述研究相反的结果。他们发现，董事会结构与公司业绩之间并不存在正相关关系；相反，两者之间甚至存在微弱的负相关关系。究其原因，他们认为，可能是董事会结构并不十分重要，因为无论是外部董事还是内部董事都能够较好地（或较坏地）代表股东的利益。

阿格雷沃尔和诺伯（Agrawal and Knoeber, 1996）实证检验了控制代理问题的七种治理机制对公司业绩的影响，发现当以横截面数据为样本，将这些治理机制同时放入一个方程中进行 OLS 回归时，得出的结论容易让人产生误解。鉴于此，他们对七种治理机制分别进行了回归分析，发现外部董事比例负向影响公司业绩。

一些国内研究也有类似的发现，如李常青和赖建清（2004）的研究发现，独立董事的引入负向影响了公司业绩。他们分析这种结果的出现可能有三个原因：一是独立董事作为新生事物，可能还没开始发挥作用；二是从另一个角度讲，上市公司较低的业绩或许正是因为独立董事发挥了作用；三是独立董事的独立性得不到保证。郝云宏等（2014）发现，独立董事的年龄越大，就越不利于企业短期业绩的提升。

（三）独立董事特征与公司业绩不相关

一些研究指出，关于独立董事如何影响公司业绩之所以未得出一致结论，可能是忽视了其中可能存在的内生性问题（Harris and Raviv, 2008）。在上述阿格雷沃尔和诺伯（1996）的研究中，他们发现，外部董事比例会负向影响公司业绩。然而，在利用联立方程方法对内生性加以控制后，他们发现，外部董事比例对公司业绩不再有显著影响。布哈加特和布莱克（Bhagat and Black，2001）利用一个包含大量美国大型公司的纵向样本，实证检验了董事会中的独立董事比例是否影响公司业绩。他们采用滞后的业绩变量作为工具变量以控制内生性，研究未发现独立董事与公司业绩之间有显著相关关系。国内学者萧维嘉等（2009）在利用最小二乘法估计分析以及面板数据的一元固定效应模型分析独立董事比例如何影响公司业绩时，发现两者之间存在负相关关系。然而，在利用工具变量法以及联立方程方法控制内生性之后，则未发现独立董事比例显著影响公司业绩。

值得注意的是，即使采用一定的方法对独立董事与公司业绩之间的内生性进行控制之后，在解释结果时，也应该保持谨慎（Barnhart and Rosenstein，1998）。巴恩哈特和罗森斯坦选择了四个工具变量，并采用联立方程的方法分析了董事会结构、托宾 Q 及管理层所有权之间的关系，发现这些变量之间是相互影响的，且独立董事比例与公司业绩之间并非直线关系。

即使在没有对内生性加以控制的情况下，一些学者也并未发现独立董事与公司业绩之间存在相关关系。例如，福斯伯格（Forsberg，1989）采用配对样本的方法对代理理论的假设进行了实证检验，其中一个样本的外部董事比例较高，另一个样本引入外部董事的比例则较低。研究发现，董事会中外部董事的比例与公司业绩之间并不存在相关关系。克莱因（Klein，1998）在分析董事会的专业委员会如何影响公司业绩时，也将公司业绩对公司的外部董事比例进行了简单的 OLS 回归分析，研究发现，外部董事比例变量的系数几乎为 0，即外部董事比例与公司业绩之间不存在相关关系。

国内研究方面，高明华和马守莉（2002）采用配对样本的方法进行了实证检验，没有发现存在独立董事的子样本与不存在独立董事的子样本之间在净资产收益率与每股收益方面在统计上存在显著差异。此外，他们将这两个变量分别与独立董事比例及其平方项进行回归分析，也没有发现独立董事变量的系数在统计上显著。胡勤勤和沈艺峰（2002）利用 A 股市场上已经引入独立董事的 41 家上市公司作为样本进行分析，没有发现独立董事比例与公司业绩变量之间存在统计上显著的相关关系，说明独立董事的治理作用有限。于东智（2003）的实证分析表明，独立董事与公司业绩之间不存在相关关系。即使在考虑了独立董事发挥作用的时滞效应，即利用后一年及后两年的数据进行回归分析之后，两者之间仍不存在相关关系。谭劲松等（2003）的实证研究也表明，独立董事比例与公司业绩之间不存在相关关系。究其原因，他们认为，选取的样本期间正好处在 2002 年 6 月 30 日至 2003 年 6 月 30 日之间。此时，大多数上市公司尚未建设好独立董事制度，因此，两者之间不存在显著的相关关系。郑志刚和吕秀华（2009）考察了独立董事这一治理机制如何与其他公司治理机制交互作用，发现独立董事与控股股东监督、高层管理者激励等治理机制之间存在互补关系，即独立董事的引入提高了控股股东监督与高层管理者激励的治理效应；而独立董事与投资者保护、股权制衡等治理机制之间存在替代关系，即独立董事的引入降低了这些治理机制的治理效应。总体来说，独立董事这一治理机制并不是直接地，而是通过与其他治理机制之间的互动间接地发挥作用。姚伟峰和鲁桐（2010）分析了独立董事在董事会中的比例如何影响企业效率。实证分析表明，独立董事比例对企业效率并无显著影响。

以上本书对关于独立董事与公司业绩之间关系的文献进行了系统的回顾与梳理。这些研究没有得出一致结论，除内生性的原因之外，还可能是因为：①尽管基于代理理论，大部分学者认为，独立董事会正向影响公司业绩，但还存在另一种理论，即成员理论认为，独立董事的引入会加大董事会决策时的协调力度，导致董事会行权的连续性被破坏，进而负向影响公司的业绩（Donaldson and Davis，1994）。②从董事会结构角度来看，独立董事与内部董事之间应该是互补的。具体来说，独立董事虽然具备较高的独立性，但其缺点是不能全面地了解公司内部的运营过程；而内部董事虽然相对来说能够更容易地了解公司运营，但是不具有独立性。鉴于此，公司应该合理配置董事会中内部董事和独立董事的比例，不能厚此薄彼（Denis and Sarin，1999）。③相关法律法规尚不能有效地保证独立董事的独立性，尤其中国情境下的上市公司大多数存在控股股东，且独立董事一般由控股股东提名（娄芳，2001；谭劲松等，2003；萧维嘉等，2009）。因此，独立董事的独立性尚不充分。

二　关于独立董事与公司具体行为的研究

有学者指出，仅简单地聚焦于独立董事特征与公司业绩之间的关系是不够的，因为这种做法忽视了独立董事发挥作用的内在机理，理论逻辑的跳跃幅度较大（Pettigrew，1992）。鉴于此，一些学者不再仅局限于分析独立董事特征如何影响公司业绩，而开始探索独立董事如何影响公司的一些具体行为，从而打开独立董事作为输入、公司业绩作为输出的"黑箱"。在本部分，我们对关于独立董事与公司具体行为之间关系的研究进行了回顾与梳理，公司的具体行为主要包括上市公司违规、控股股东的掏空行为、并购及其他行为。

（一）独立董事与上市公司违规

高层管理者进行财务造假、盈余管理、降低上市公司的财务信息质量被认为是代理问题的主要表现形式之一。独立董事作为一种解决代理问题的手段，对这些现象是否有一定的治理作用呢？学者针对这一问题展开了一系列研究。比斯利（Beasley，1996）提出，外部董事在董事会中的比例能够显著地降低财务报表欺诈发生的可能性，并针对这一研究假设进行了检验。结果表明，相对于那些存在财务欺诈的公司，不存在财务欺诈的公司外部董事的比例显著更高。此外，随着外部董事在其他上市公司中兼职数量的减少，财务报表欺诈发生的可能性随之下降。Chen和Jaggi（2000）实证检验了董事会中独立董事的比例是否正向影响财务信息披露的综合性，以及家族对公司的控制是否影响上述关系。结果表明，董事会中独立董事的比例正向影响财务信息披露的综合性，并且这种关系在家族控制的公司中更弱。帕克和希恩（Park and Shin，2004）以加拿大公司为样本，分析了董事会结构如何影响公司盈余管理行为，结果表明，公司经常进行盈余管理行为，且来自机构投资者的董事能够显著降低公司的盈余管理行为，但董事会中的外部董事并未发挥治理作用。皮斯内尔等（Peasnell et al.，2004）以英国公司为样本，实证检验了董事会的监督是否影响公司的盈余管理。实证研究表明，董事会中的外部董事比例负向影响管理者进行盈余管理的可能性。此外，外部董事比例较高的公司向上进行盈余操纵的可能性显著较低，但外部董事比例并不显著影响公司向下进行操纵的可能性。哈巴什等（Habbash et al.，2014）分析了中国公司治理对盈余管理的影响，并聚焦于董事会监督的两个方面，即董事会中的独立董事与监事。通过检验他们的独立性、财务会计专长及官员背景对盈余管理的影响，实证研究发现，中国的双层董事会结构并不能有效地抑制盈余管理。Ye（2014）检验了2002—2008年中国上市公司独立董事的现金薪酬与公司财务报告质量之间的关系。不像美国上市公司独立董事可以有与股票相关的薪酬那样，中国上市公司仅为独立董事提供现金薪酬，这为检验上述关系提供了一个较好的情境。实证研究发现，独立董事现金薪酬与盈余管理程度之间呈正相关，表明当独立董事领取高额薪酬时，他们的独立性降低，在监督财务报告质量上的有效性也随之降低。

国内学者也进行了大量的相关研究，比如，胡奕明和唐松莲（2008）检验了独立董事变量对公司盈余信息质量的影响，发现独立董事比例显著提高了公司盈余信息质量，财务背景独立董事的引入也可以显著提高公司的盈余信息质量；相反，独立董事的参会频率则会负向影响公司的盈余信息质量，他们认为，可能是因为开会的频率越高表明公司越存在问题。王跃堂等（2008）分析了上市公司的股权制衡、董事会独立性对财务信息质量的影响，实证研究发现，股权集中度越高，上市公司财务信息的质量越低；并且独立董事能够有效地治理大股东对财务信息质量的操纵。具体来说，独立董事的比例、声誉以及专业特长等变量可以有效地降低股权集中度与财务信息质量之间的负相关关系。余峰燕和郝项超（2011）实证检验了国有控股上市公司中独立董事是否具有行政背景对公司财务信息质量的影响，发现这类董事的行政背景确实弱化了其监督功能，即行政背景独立董事并不能有效地提高国有控股上市公司的财务信息质量。郑路航（2011）发现，聘请来自学界的"名人"独立董事能够提高上市公司的财务报告质量，并降低公司高层管理者违规的可能性。同时，引入具有财务会计背景和法律背景的独立董事也能降低公司及高层管理者发生违规的可能性。邓可斌和周小丹（2012）通过分析独立董事与公司违规之间的关系对这类董事的监督作用进行了检验。研究发现，独立董事比例的增加并不能有效抑制公司违规行为；反而会显著提高公司违规的可能性。他们认为，这种结果的出现是由于独立董事与内部人之间的合谋所导致的。此外，他们发现，尽管独立董事并不能有效发挥监督作用，但公司违规行为发生后，在各方压力作用下公司会引入更多的独立董事，说明独立董事具有为上市公司获取合法性的功能。李燕媛和刘晴晴（2012）从盈余管理视角分析了上市公司独立董事制度的有效性，发现独立董事的会计专业能力能够显著降低盈余管理水平。龚光明和王京京（2013）通过检验深市上市公司财务专家型独立董事能否抑制盈余管理，分析了该类独立董事的监督功能。他们的研究表明，财务专家型独立董事所占的比例越大，就越可以有效地降低盈余管理程度。进一步研究发现，相对于注册会计师，高级会计师的监督功能更强；如果该类独立董事工作地点与上市公司所在地一致，其监督功能会有所削弱；独立董事津贴越高，该类独立董事越能够更好地发挥监督功能。向锐（2014）从财务背景独立董事的个体特征、声誉特征、职业特征等不同角度出发，实证检验了财务背景独立董事的这些特征对会计稳健性的影响。研究发现，当财务背景独立董事在这些特征上存在差异时，他们对会计稳健性的影响也并不一致。

（二）独立董事与控股股东掏空

拉波塔等（La Porta et al.，1999）指出，在中国等新兴市场中，詹森和梅克林提出的传统的股东与经理人之间的第一类代理问题可能并不太严重。在新兴市场中，公司的股权集中度普遍较高。在这种情况下，控股股东可能经常会侵犯中小股东的利益，因此，如何有效解决控股股东与中小股东之间存在的第二类代理问题成为公司治理的核心问题。独立董事作为一种解决代理问题的重要手段，有没有发挥相应的作用呢？国内一些学者为此提供了实证证据。例如，唐清泉等（2005）指出，控股股东的隧道效应可以进一步划分为壕沟防御效应和利益协同效应，并识别了控股股东进行隧道挖掘的六种具体手段，包括资金占用、担保、现金股利发放、资产买卖、关联采购以及关联销售。他们发现，独立董事能够有效地抑制控股股东通过关联采购及关联销售掏空上市公司，而不能显著抑制控股股东的其他掏空手段。高雷等（2006）采用控股股东的资金占用对其掏空行为进行了测量，并以一个非平衡面板数据的样本实证检验了内部治理机制和外部治理机制对控股股东这一行为的治理作用，研究结果并未识别独立董事对这种行为的治理作用。叶康涛等（2007）采用其他应收款对控股股东的掏空行为进行测量，他们认为，这样的指标更"干净"。研究发现，如果不控制独立董事的内生性，独立董事并不影响控股股东的占款行为；而一旦对其内生性进行控制，独立董事便能够显著抑制控股股东的掏空行为。

（三）独立董事与并购

独立董事应该保证公司并购交易中的公允性，学者对此进行了实证检验。科特等（Cotter et al.，1997）的研究发现，如果目标公司独立董事在董事会中的比例越高，该公司的并购交易价格也越高。另外，如果目标公司的独立董事比例越高，该公司的股东回报率也越高，比其他公司大约高出20%。关于独立董事与公司并购之间的关系，还有学者从其他角度出发进行了研究。例如，辛格和哈里安托（Singh and Harianto，1989）分析了公司是否为管理层提供金色降落伞和董事会独立性之间的关系，发现如果不存在接管威胁，当董事会中独立董事的比例较高时，高层管理者难以对"金色降落伞"的提供施加影响，因此，公司不太可能为高层管理者提供这种保护措施；而如果存在接管威胁，董事会结构便不会影响高层管理者"金色降落伞"的使用。伯德和希克曼（Byrd and Hichman，1992）实证检验了128项要约收购，并采用一种新的分类方法对内部与外部董事进行了区分，发现如果投标公司的董事会中外部董事的比例多于一半，那么该公司在公告日的超额回报会较高；然而，这种关系并不是线性的，说明董事会中不应该安排太多的独立外部董事。布里克利等（Brickley et al.，1994）分析了外部董事如何影响"毒药丸"的启动，发现如果外部董事在董事会中的比例较多，那么"毒药丸"公告时的平均股票回报是正的；反之亦然。此外，如果外部董事是其他上市公司已退休的高层管理者，上述关系更加明显。他们的研究结果说明，外部董事有利于股东价值的最大化。

（四）独立董事与其他公司行为

威斯巴赫（1988）分析了内部和外部董事对CEO的监管如何影响CEO的辞职行为，研究发现，先前较差的绩效对CEO辞职可能产生的影响在具有外部董事主导董事会的公司中比在具有内部董事主导董事会的公司中要大，而且前一种公司在CEO辞职后股票回报有显著提升。刘诚和杨继东（2013）分析了独立董事与CEO之间是否存在社会关系对CEO更替—业绩敏感性的影响。根据独立董事与CEO之间是否存在社会关系，他们将独立董事区分为名义独立董事和实际独立董事，发现前者并不能影响CEO更替—业绩敏感性，而后者显著提高了CEO更替—业绩敏感性。

国外的上市公司在早期通常都设有薪酬委员会，薪酬委员会成员大部分都是独立董事，他们负责制定公司高层管理者的报酬水平。一些学者分析了董事会中独立董事的比例与如何影响公司高层管理者的报酬水平，发现独立董事比例越高，他们制定的高层管理者的薪酬水平越高（Core et al.，1997）。究其原因，他们认为，可能是因为一些独立董事现在或曾经是其他上市公司的高层管理者，他们因此可能为了自己的利益而制定较高的高层管理者薪酬水平。

布里克利和詹姆斯（Brickely and James，1987）指出，如果公司董事会中外部董事的比例高于2/3，那么便认为董事会由外部董事主导。为了分析内部治理机制和外部治理机制之间的替代效应，他们实证检验了在特定的市场集中水平上，董事会是否由外部董事主导对管理层在职消费的影响，发现外部董事可以显著降低高层管理者的在职消费。

利用美国上市公司的数据，沙马（Sharma，2011）检验了公司分红现象与董事会独立性、独立董事任期、独立董事席位及其股权激励薪酬之间的关系。实证研究发现，分红倾向与董事会独立性、独立董事任期之间呈正相关，而与董事席位及股权激励薪酬呈负相关。无论是现金分红还是股权分红，该结果都一致，且独立董事薪酬结构的影响最大。

陈宏辉和贾生华（2002）构建了一个分析独立董事发挥作用机理的模型，考察了独立董事比例和决策效率之间的关系。具体来说，他们把决策效率区分为公正性效率与适用性效率，指出随着独立董事在董事会中的比例的增加，公正性效率不断提高，而适应性效率则随之下降。究其原因，是因为独立董事不能完全地掌握公司的内部信息，信息获取能力有限。考虑到两种效率之间此消彼长的关系，他们认为，独立董事与决策效率之间存在一种倒"U"形关系。郑立东等（2013）分析了独立董事背景特征与投资效率之间的关系，发现独立董事中女性所占比例越大、独立董事的平均年龄越大、具有财务背景的独立董事越多，上市公司的投资效率就越高，公司价值也相应越大。

侯晓辉等（2011）分析了独立董事是否有利于提高制造业上市公司的技术效率和资源配置效率，发现独立董事的引入可以显著提升制造业上市公司的技术效率，但不能有效提高它们的资源配置效率。这可能是因为独立董事获取公司经营活动相关信息的能力有限，导致整个董事会在引入独立董事后决策能力下降。胡元木（2012）分析了技术背景独立董事对企业研发产出效率的影响，发现上市公司整体上的研发产出效率并不高，即研发投入并未显著提高企业创新水平。然而，技术背景独立董事的引入能够显著提高上市公司的研发产出效率，且如果技术背景的执行董事和技术背景的独立董事同时存在，公司的研发产出效率会更高。徐向艺和尹映集（2014）以家族控股上市公司为研究对象，分析了独立董事比例、企业创新与企业成长性之间的关系。实证结果表明，独立董事比例的增加有利于提升家族控股上市公司的创新行为，且对该类上市公司的成长性具有推动作用。同时，企业创新在独立董事比例和企业成长性之间存在部分中介的作用。

全怡等（2014）考察了证券分析师担任独立董事后的一系列影响。他们发现，上市公司更倾向于在证券分析师中选择那些明星分析师作为独立董事。对于同一上市公司而言，在该公司担任独立董事的证券分析师比不担任独立董事的分析师有更为乐观的投资评级及盈余预测。相对于担任独立董事以前，证券分析师在担任独立董事后有更高的预测频率，但是，由于更为乐观导致预测的准确性下降。此外，引入证券分析师担任独立董事的上市公司有更高的可能性进行股权再融资。

董红晔（2016）通过分析财务背景独立董事对股价崩盘风险的影响，证明了财务背景独立董事的监督功能。具体来说，她聚焦于实证检验财务背景独立董事的地理邻近性，发现相对于来自异地的财务背景独立董事，与上市公司处在同一地区的财务背景独立董事可以显著降低股价崩盘风险，且这种关系仅在该类独立董事的监督成本较低、具有信息优势以及独立性较强的情况下才存在。

三 关于独立董事个人行为的研究

前两部分中关于独立董事如何影响公司业绩及公司具体行为的研究都是直接对独立董事引入的效果进行检验。近年来，学者开始聚焦于独立董事的个人行为，尝试从微观层面对独立董事的功能进行检验。这些研究主要集中于独立董事的辞职行为与死亡、投票行为、决策过程、声誉以及他们的信息优势等。

（一）独立董事的辞职行为与独立董事死亡

谭劲松等（2006）发现，上市公司中存在一个有趣的现象，即有越来越多的独立董事辞职行为。针对中国 A 股市场上出现的独立董事辞职现象，他们分析与检验了影响独立董事辞职的具体因素。实证研究发现，独立董事辞职主要是由于其任职的现实成本与风险成本较高，而独立董事的激励对其辞职并无显著影响。

在上述研究基础上，该研究团队进一步考察了另一个有趣的现象，即许多辞职的独立董事在辞职不久之后又开始在其他上市公司任职（周繁等，2008）。他们通过将独立董事原来任职公司与新任职公司的特征进行对比，挖掘出了影响独立董事"跳槽"的具体因素。实证研究表明，独立董事在"跳槽"选择新公司时，更多地考虑新公司的知名度以及任职风险等声誉方面的因素，而不太关注薪酬以及任职成本等经济方面的因素。

沈维涛和叶小杰（2012）以独立董事的辞职为切入点证明了独立董事的有效性。实证研究发现，独立董事的独立性越强，其辞职所带来的市场反应越差，说明独立董事的独立性有利于公司价值的提升。具体来说，该研究通过独立董事的任职时间是否早于董事长以及独立董事的任期来测量其独立性。此外，随着市场化程度的提高，独立董事独立性对辞职公告市场反应的负向影响变弱。

戴亦一等（2014）通过分析独立董事的提前辞职证明了其有效性。具体来说，通过检验独立董事的提前辞职是否传递了关于上市公司治理缺陷的信号，发现相对于独立董事到任离职和未辞职的情况，独立董事提前辞职的上市公司更容易出现财务报表重述以及严重违规行为。进一步分样本研究表明，独立董事提前辞职行为预示公司治理缺陷的信号功能在政治关联强的上市公司中更为明显。

此外，吴冬梅和刘运国（2012）分析了上市公司关于独立董事辞职的信息披露策略，发现上市公司管理层为了对坏消息进行隐藏，倾向于采用捆绑披露的形式。具体来说，当独立董事"多人"或"非规定"辞职时，多采用捆绑披露的形式。进一步对独立董事"非规定"辞职按照辞职原因细分发现，"尤其可疑"的辞职更倾向于采用捆绑披露的形式。

除从独立董事辞职事件入手分析独立董事的功能以外，一些学者还尝试分析独立董事的突然死亡给上市公司带来的影响，从而证明他们在上市公司中的功能。例如，Nguyen 和 Nielsen（2010）发现，在独立董事死亡后，上市公司随后的股价平均下降了 0.85%。此外，独立董事的独立性程度以及董事会结构决定了它们的边际价值。通过采用固定效应方法控制董事不变的异质性，该研究识别了个人技能和能力之外独立性的价值。顾亮等（2014）基于事件研究法，选取独立董事突然死亡的事件作为样本，通过分析独立董事死亡如何影响公司价值证明了独立董事的作用。事件研究的结果表明，独立董事的突然死亡会导致公司价值的降低，说明独立董事是有一定作用的。进一步分析独立董事的身份背景差异和专业背景差异发现，经管专业背景的独立董事死亡所导致的公司价值降低程度要显著高于理工背景的独立董事。同时，官员背景和教授专家背景的独立董事死亡对公司价值的影响显著不同。

（二）独立董事的独立意见

一些研究利用独立董事发表意见的数据，分析他们在上市公司中的作用，采用发表意见这一个人层面的独特数据可以克服董事会构成及提案选择等方面的内生性。Tang 等（2013）通过分析独立董事意见发现，当独立董事发表非同意意见时，股票市场有负的回报。独立董事更有可能对代理问题严重的公司发表非同意意见，当独立董事有更多的席位、更长的任期、财务专长或来源于异地时更有可能发表非同意意见。被独立董事发表此类意见的公司会倾向于缩减公司间贷款，不太可能分红，降低银行贷款，其 CEO 更可能离职。此外，此类公司更可能被出具非标准审计意见、被 ST 或被证监会处罚。Jiang 等（2015）实证检验了 2004—2012 年中国上市公司独立董事的投票行为，他们用年龄和董事声誉价值测量董事是否关注事业，发现关注事业的独立董事更可能发表非同意意见，且这类意见最终以更多的独立董事席位和被监管部门较低的处罚风险而得到奖励。此外，这种非同意意见通过利益相关者的响应提高了公司治理和市场透明度。

国内研究方面，唐雪松等（2010）利用上市公司披露的独立董事发表的议案意见，分析了独立董事履行监督职责的动机。实证分析发现，独立董事发表非"同意"意见后，其离职的概率增加；当独立董事兼任的上市公司家数较多、从当前所任职公司所获报酬较少时，他们更有可能发表非"同意"意见；而在独立董事因为发表非"同意"意见离职之后，却不大可能去新的公司任职，说明独立董事市场的声誉机制尚不健全。

叶康涛等（2011）也利用上市公司披露的独立董事意见数据，揭开了董事会决策过程中的"黑箱"，并分析了独立董事为什么会进行公开质疑。实证研究表明，上市公司的独立董事很少公开质疑高层管理者的经营行为；然而，如果公司业绩较差，独立董事更可能质疑高层管理者的行为。此外，公开质疑高层管理者行为的独立董事更可能有比较高的声誉、从事财务工作或者在公司任职的时间比董事长早。

祝继高等（2015）基于投票的微观数据，对比分析了非控股股东董事和独立董事投非赞成票的情况。实证研究发现，独立董事投非赞成票的可能性更低，而非控股股东董事投非赞成票的可能性更高。此外，在业绩较差的企业以及国有企业中，非控股股东董事的监督作用更明显。总体上看，该项研究表明，非控股股东董事在股权集中并且投资者保护程度较低的情境下，比独立董事的监督作用更强。

不同于上述研究仅分析独立董事发表的独立意见的类型，赵子夜（2014）聚焦于独立董事独立意见中传递出的文字信号。赵子夜指出，中国上市公司的独立董事较少发表非同意意见。然而，在独立董事所发表的清洁意见中，通过区分文字情感可以分为"无过"和"有功"的差别。实证研究表明，相比无过型独立意见，有功型独立意见存在文字溢价。进一步的研究表明，独立董事的性别多元化提高了文字溢价，而独立董事与其他董事之间校友关系的存在则会降低文字情感效应。此外，当两权分离程度较高时，由于控股股东进行掏空的机会主义概率增加，也会削弱文字情感的溢价。

（三）独立董事的决策过程

宁向东和张颖（2012）通过构建独立董事的行为决策模型，指出在个体层面，独立董事与所任职上市公司的控股股东之间的私人关系对其监督的公正性和勤勉性会有负的影响，独立董事履职的机会成本对其监督的勤勉性有负的影响；在外部环境层面，监管部门的监管力度对独立董事监督的公正性和勤勉性有正的影响，而控股股东隐瞒公司信息的行为对独立董事监督的勤勉性有负的影响。

此外，考虑到独立董事的决策过程难以量化，一些研究尝试引入实验经济学的方法对其进行刻画。例如，吉勒特等（Gillette et al.，2003）采用实验经济学的方法，分析了董事会中的投票行为，实验结果表明，与许多学者及商业媒体的观点一致，具备一定比例独立董事的董事会更加有效。国内学者李建标等（2009）也通过实验研究的方法分析了序贯及惩罚机制的引入如何影响独立董事决策，发现序贯机制的引入能够使独立董事拥有更多的信息，而惩罚机制的引入则能够使独立董事在承担一定成本的情况下进行惩罚。

（四）独立董事的声誉

独立董事声誉在发达国家情境下得到了较多关注，如 Brochet 和 Srinivasan（2014）利用美国证券诉讼 1996—2010 年的样本数据进行研究，发现这些案件中有 11% 的独立董事被作为被告。如果独立董事为审计委员会成员，且在这期间进行了股票售卖，则被作为被告的可能性更大。这些作为被告的独立董事更多会被第三方负向推荐，且被股东投不同意票。首先，他们比其他独立董事更可能离开上市公司。Masulis 和 Mobbs（2014）分析了独立董事的声誉动机，发现具有多个席位的独立董事不平均地分配他们的精力，而是基于这些席位的声誉进行分配。当某个席位基于外生事件声誉增加时，该独立董事在这个董事会中的参与率提高，同时随后的公司绩效也有所改善。其次，董事不愿意放弃声誉较大的职位，即使这些公司的绩效开始下降。最后，如果董事会中有更多的独立董事认为该公司的声誉较大，CEO 离职与公司绩效敏感性之间的关系增加。

国内研究方面，刘浩等（2014）选择 ST 公司的独立董事是否更容易获得其他上市公司席位这一情境，分析了独立董事市场上不对称的声誉机制。他们的实证研究发现，在 ST 公司任职独立董事的人在未来获得的其他公司席位会减少。然而，仍然有上市公司会选择聘请这些 ST 公司的独立董事，尤其是那些控股股东控制权收益较高的上市公司。他们的研究结论表明，中国的独立董事市场确实对那些声誉受损的独立董事有所排斥，但是，仍然存在一些上市公司为了避免监督而主动追逐声誉不好的独立董事。与该研究类似，辛清泉等（2013）分析了独立董事因所在上市公司虚假陈述而受到监管处罚后对声誉的影响。不同的是，他们未发现独立董事的声誉因此而受到损失。具体来说，尽管独立董事受到处罚之后在其他上市公司获得的席位数降低，但这更可能是由于这些独立董事主动选择离开风险较高的上市公司。此外，在处罚宣告日的窗口期内，这些独立董事兼任的其他上市公司股价并未出现明显下跌。周泽将和刘中燕（2015）通过检验独立董事因违规受到处罚后上市公司的市场反应证明了独立董事市场上的声誉机制。他们发现，受到处罚的独立董事所在上市公司及其兼职的上市公司都在一个短暂的窗口期内出现了微弱的负面市场反应，且受到的处罚越严重、独立董事拥有的社会资本越多，负面的市场反应越大。

陈睿等（2016）基于独立董事意见的数据对独立董事市场上的声誉奖惩机制进行了检验。实证结果表明，独立董事发表质疑意见后，其随后离职的概率上升，且上市公司会选择独立性和声誉更差的继任者。这一结果说明，独立董事市场具有"逆淘汰"效应。进一步检验表明，发表质疑意见的独立董事在离职后，获得其他上市公司的职位数显著降低。此外，通过分析该类独立董事离职的时点，发现独立董事"逆淘汰"现象的根源在于独立董事的任免权掌握在实际控制人手中。

马如静等（2015）通过分析独立董事兼职席位的多少与 IPO 抑价程度之间的关系，证明了独立董事兼职席位的信号功能。他们的研究发现，当上市公司的独立董事兼职席位较多时，其信息风险相对来说更低，因此会有较低的 IPO 抑价程度，股票价格在上市之后的弱势也会得到缓解。进一步研究发现，在总体信息风险较高的环境中，上市公司独立董事兼职席位的信号功能更强。

（五）独立董事的信息优势

一些研究证明了独立董事在股票交易中所具有的信息优势，如 Ravina 和 Sapienza（2010）对独立董事与其他高层管理者的交易绩效进行了比较，实证研究发现，如果独立董事购买其所在公司的股票，他们可以获得正向的实际超额回报，且与相同公司高层管理者的回报差异相对较小。在治理较差的公司中，高层管理者及独立董事赚取更高的回报，两者之间的差异也更大。同一公司中，在审计委员会中的独立董事赚得比其他独立董事更多。在坏新闻之前以及盈余重述周围的窗口期，独立董事可以获得显著较高的超额回报。Cook 和 Wang（2011）的实证研究发现，在多家上市公司任职的独立董事比只担任一家上市公司的独立董事有更好的交易绩效，且这种绩效更多的是基于他们的能力而非更好的信息。Cao 等（2015）利用美国上市公司的数据，发现如果独立董事与公司的高层管理者有关系，则他们在股票买卖交易中会比那些没关系的有更高的回报。当公司信息不对称程度较高以及高层管理者权力较大时，这种效应更明显。此外，之前没有联系的独立董事在一个新的有联系的高层管理者进入后股票回报会有所增加，并随着该高层管理者的离开而减少。

国内研究方面，何贤杰等（2014b）分析了证券背景的独立董事对券商持股的影响，发现该类独立董事的存在能够为券商自营机构带来一定的信息优势，从而使它们增加上市公司持股比例。进一步研究发现，这种现象在信息透明度较差的公司中更明显，因为内部人在此类公司中的信息优势更强。此外，券商自营机构通过这种形式的投资获得了一定的超额收益。在另一项类似的研究中，何贤杰等（2014a）发现，引入券商背景独立董事的上市公司内幕交易程度要显著较高，且内幕交易比较严重的现象主要出现在这类独立董事的在任时间。

四 关于独立董事网络的研究

不同于已有研究分析独立董事比例等董事会的正式结构，一些学者聚焦于独立董事之间形成的网络，并分析了这一非正式结构对公司行为的影响。例如，陈运森和谢德仁（2012）分析了独立董事的网络特征对高层管理者激励的影响，研究发现，如果上市公司独立董事的网络中心度越高，其声誉越高，相应的监督动机越强，同时也因为具备信息优势而有更强的监督能力。因此，当网络中心度较高时，高层管理者薪酬与业绩的敏感性更强。此外，他们还发现，相对于非国有企业，国有企业的独立董事网络中心度与高层管理者薪酬—业绩敏感性之间的正相关关系更弱。以该研究为基础，梁婷和夏常源（2014）分析了独立董事网络位置对高层管理者薪酬—业绩敏感性以及薪酬黏性的影响，并对比分析了这种影响在上市保险公司和上市非保险公司之间的差异。研究发现，独立董事的网络中心度可以显著提高上市非保险公司的薪酬—业绩敏感性，但对成本黏性尚无显著影响。有学者还通过分析独立董事网络位置与公司违规之间的关系检验了独立董事网络位置如何影响其监督职能。如万良勇等（2014）发现，独立董事的网络中心度会削弱上市公司的违规倾向。进一步的补充检验表明，独立董事基于网络位置的监督作用主要集中在监督信息披露违规方面，仅在审计委员会中任职的独立董事的网络中心度才能显著促进其监督作用，且独立董事网络对其监督作用的影响在盈利能力较差的企业中更明显。除检验独立董事网络位置对其监督职能的影响外，还有学者检验了独立董事网络位置对其咨询建议职能的影响。例如，万良勇和胡璟（2014）分析了独立董事在网络中的位置对公司并购行为的影响，发现他们在网络中的中心度越高，公司发生并购的可能性越高。此外，上市公司所在地区制度环境越差，独立董事网络中心度与并购发生可能性之间的正向关系就越强。进一步的检验表明，独立董事的网络中心度越高，上市公司的并购绩效越高。

五 关于引入独立董事动因的研究

近年来，一些学者也开始关注上市公司设立独立董事的动因，这些研究与本书的实证分析相关。已有研究主要分析了公司内部特征如何影响独立董事的引入，也出现了一些研究开始分析外部环境的影响。

（一）公司内部特征与独立董事的引入

梁琪等（2009）采用事件研究法及样本配对法对独立董事制度的市场效应进行了分析，发现《指导意见》的发布显著影响了上市公司的市场价值，而且上市公司的规模大小及治理特征对这种影响具有调节作用。具体来说，如果公司在《指导意见》发布前的治理特征接近于监管要求，或公司规模较大，它们便能够获得正的超额回报；反之亦然。

与梁琪等的研究观点一致，一些学者开始分析公司的自身特征对独立董事引入的影响。例如，支晓强和童盼（2005）分析了中国上市公司盈余管理及控股股东变更对独立董事变更的影响，发现当上市公司的盈余管理程度较高时，独立董事为了规避自己的风险，可能会选择"用脚投票"，即离职。另外，控股股东在发生变更后可能会采取一定手段迫使独立董事离职，并随后选择一些比较倾向于自己的独立董事。这些结果表明，中国上市公司的独立董事缺乏一定的独立性。

吴晓晖等（2007）分析了公司特征影响独立董事设立的内在机理，发现股权特征对独立董事的设立有一定的影响，国有股权越高、其他股东的制衡力度越小，公司引入的独立董事越少；在公司业绩方面，股票价格的变动并不会带来独立董事比例的变化；其他方面，公司规模、营业收入及资产负债率都与董事会中的独立董事比例呈正相关。

武立东（2007）提出了四种公司主动设立独立董事的可能动机，即监督动机、制衡动机、信号显示动机和顾问动机。实证分析表明，上市公司主动设立独立董事主要是基于监督动机和顾问动机。

唐跃军和左晶晶（2010）分析了控股股东特征对是否引入独立董事的影响，发现上市公司控股股东持股比例与独立董事的数量之间呈"U"形关系，控股股东的现金流量与独立董事的数量和比例之间呈负相关关系，而其他股东的制衡程度与独立董事的数量和比例之间呈正相关关系。

王跃堂（2010）分析了 2000 年 49 家上市公司引入独立董事的动机。在此样本期间，《指导意见》还没有发布，因此，公司独立董事的设立是自愿的。实证分析表明，公司股权结构、关联交易以及现金分红的能力显著影响公司是否自愿设立独立董事。具体来说，如果公司在大股东之外还存在法人股东或机构股东持股较多、关联方占用的上市公司资金较少或者公司的现金分红能力较强，公司进行自愿设立独立董事的可能性就高。

上述研究主要考虑的是公司治理特征对独立董事引入的影响。还有学者从公司整体角度分析了这一问题，例如，唐清泉（2005）通过分析上市公司聘用独立董事的动机与独立董事去上市公司任职的动机之间的相互影响，重新对独立董事的角色进行了定位。实证研究发现，上市公司基于"花瓶效应"和决策效应聘请独立董事。"花瓶效应"是指上市公司聘用独立董事是为了向外界释放一种积极的信号。而决策效应是指独立董事的引入是为了充分利用该类董事的专业知识；而独立董事方面，他们去公司任职时会认真考虑该公司的潜在风险，并且如果他们认为面临的潜在风险比较高，要求得到的报酬也更高。

（二）外部环境与独立董事的引入

一些学者分析了外部环境对独立董事引入的影响，例如，彭维刚（2004）基于资源依赖理论与新制度理论，采用1992—1996年的上市公司样本识别了上市公司设立独立董事的动机。研究发现，如果公司上一年的业绩越差、规模越大、年龄越小，便越有可能引入独立董事。并且，这三个方面的影响随着时间的推移而逐渐下降。于一和何维达（2012）分析了内生创新与外生合规如何影响商业银行的董事会结构，前者是指商业银行的自身特征，而后者是指外部监管和政府干预。研究发现，商业银行的业务多元化指数、CEO任期及年龄等自身特征变量都显著影响董事会的规模与独立性，验证了董事会结构调整的内生创新机制。然而，国有股权比例及事前监管等变量所代表的外生合规机制则抑制了内生创新，具体表现为这些变量和多元化指数的交叉项显著负向影响董事会的独立性。研究结果说明，中国商业银行的治理存在过度监管，治理机制还没有从"形似"向"神似"过渡。这两项研究无疑对本书的研究具有一定的借鉴意义，然而，前者仅考察的是《指导意见》发布前上市公司设立独立董事的行为，后者重点分析了制度环境的强制机制。

小结

通过对独立董事的相关研究进行回顾与梳理，本书发现，已有的相关研究主要是以代理理论为基础，重点分析独立董事的监督功能，而对独立董事的其他功能较少关注。本书将在已有研究的基础上，从分析上市公司超额设立独立董事的动因出发，识别了独立董事的多种功能，并分别对这些功能进行实证检验。

尽管如本节第五部分所述，一些学者已经开始分析上市公司引入独立董事的动因，但这些研究或是仅考察《指导意见》发布前上市公司设立独立董事的行为，或是仅分析公司内部特征对公司是否引入独立董事的影响。而本书将在借鉴这些研究的基础上，重点研究《指导意见》发布后，外部环境对上市公司超额设立独立董事的影响，从而识别独立董事的功能，并对其进行实证检验。

第三章 超额设立独立董事动因分析与独立董事功能识别

自本章开始进入本书的实证分析部分。在本章中，我们首先从上市公司超额设立独立董事的独特现象出发，通过检验上市公司这种行为的动因，识别独立董事制度在强制性执行过程中所衍生出的功能。同时，本书还利用中国上市公司协会与南开大学中国公司治理研究院联合成立的课题组对上市公司董事会履职情况的调查数据，分析上市公司所感知到的独立董事功能，以及公司特征是否会影响这些功能。

第一节 上市公司超额设立独立董事动因研究*

如前所述，斯科特（2008）将制度划分为规制性、规范性和认知性三种维度。回顾中国公司治理制度的演变与发展历程可以发现，这一制度自开始建立便带有较强的规制性特征。在制度的强制规制下，中国上市公司的治理结构出现了趋同，新制度理论学者称为制度同型（DiMaggio and Powell，1983）。由政府规制所导致的强制趋同保证了公司在治理结构方面的合规。然而，强制趋同往往导致组织的实际行为与其规范结构分离（Meyer and Rowan，1977），

* 本节主要观点发表于《管理评论》2014 年第 7 期。

而分离则会导致治理失效。公司治理的有效性体现在支持企业成长上，认知性公司治理制度可以实现这一点。认知性制度是由制度中的参与者凭借自身主观认知建构而成的，从而有利于企业的规范结构与其自身特征相适应，并使规范结构与行为结构相一致，进而提高了制度的有效性。上市公司为了有效地适应外部环境，不断建构起认知性公司治理制度。总体上看，制度的规制性导致了上市公司治理结构的趋同，而制度的认知性则导致了上市公司之间的差异性。

如果将 1994 年《公司法》的实行看作中国公司治理实践的开始，那么，上市公司治理实践已经经历了 20 多年的发展。李维安（2012）通过分析中国公司治理实践的发展过程，将之概括为"构建结构、完善机制和提升有效性"三个阶段。组织社会学中的新制度理论指出，如果规制性制度开始出现认知性特征，即参与者可以根据主观认知构建制度，则制度的有效性便开始提升。鉴于此，本书旨在寻找上市公司治理结构中所体现出的"差异性"，并检验这种"差异性"出现的原因是上市公司为有效地适应外部环境而对自身治理结构的调整，在这一过程中证明制度的认知性特征。分析中国的公司治理体系可以发现，其中，独立董事制度的规制性较强。具体来说，《指导意见》规定上市公司董事会中独立董事的比例在 2003 年 6 月 30 日前不得少于 1/3。在这种规制作用下，大部分上市公司董事会中独立董事的比例定格在 1/3，实现了"制度同型"。然而，一个有趣的现象是，部分上市公司董事会中独立董事的数量开始超过法定比例。在本书中，我们将这一现象称为上市公司"超额设立独立董事"。

在本节中，我们将集中分析这一现象，旨在通过揭示外部技术环境和制度环境与上市公司超额设立独立董事之间的内在联系，识别独立董事的不同功能，从而为后续章节的实证检验做铺垫。

一 理论分析与研究假设

组织所面临的外部环境可以进一步细分为两个方面，即技术环境和制度环境。技术环境基于效率机制影响组织，而制度环境基于合法性机制影响组织（Meyer and Rowan，1977）。从第二章中对已有关于组织与环境间关系的研究来看，技术环境不确定性对组织的结构和行为有较大的影响。在本章中，结合已有关于环境不确定性测量的研究，我们也从复杂性、动态性和丰富性三个维度对技术环境不确定性进行测量，并对上市公司超额设立独立董事如何受这三个维度的影响进行理论分析与实证检验。另外，在分析制度环境影响上市公司超额设立独立董事行为的合法性机制时，本章通过分析上市公司如何通过模仿与信号释放实现趋同，挖掘了合法性机制作用的内在机理。

（一）技术环境与上市公司超额设立独立董事

环境不确定性基本上被学者划分为复杂性、动态性和丰富性三个维度。在本部分，本书具体分析了这三个维度分别对上市公司超额设立独立董事行为的影响。

1. 技术环境复杂性与上市公司超额设立独立董事

当技术环境中的不同要素之间存在较大的差异时，环境复杂性也较大。当这种差异性较大时，组织将会面临环境中多种信息的同时冲击，其处理信息的过程也将会变得极其复杂。有实证研究分析了复杂性与独立董事比例之间的关系，发现如果公司经营的业务越多，董事会中独立董事的比例会越高（武立东，2007）。究其原因，是因为广泛的经营业务带来的复杂性虽然加重了公司信息处理的负担，但独立董事由于具备专业知识与管理经验，可以有效地对复杂的信息进行处理，从而保证决策的科学性。

独立董事可以为公司提供专业意见，从而对公司的战略决策具有重要作用（Fich，2005）。有学者指出，国外上市公司独立董事的主要来源是已退休的高层管理者或其他上市公司的高层管理者，他们具有丰富的商业经验与专业知识，能够有效地甄别有用信息，简化信息处理过程（娄芳，2001）。唐清泉（2005）也识别了独立董事的这种决策效应。具体来说，独立董事由于来自公司外部而掌握了关于外部环境的一些知识，如果他们一起参与公司战略决策的分析和选择，公司的决策能力会显著提高。刘春等（2015）分析异地独立董事在企业异地并购中的作用时发现，异地独立董事可以凭借其在本地的关系网络，帮助并购公司解决异地并购过程中的复杂性，从而提高异地并购效率。

对于转型期的中国上市公司而言，外部制度基础设施的缺失导致其面临较高的复杂性。由于正式制度安排的不完善以及相对缺失，上市公司更多地需要非正式制度的构建（Peng，2002）。正式制度和非正式制度的二元存在导致中国上市公司要同时处理更多利益相关者的要求，技术环境的复杂性程度更高，因而更需要引入独立董事以使他们发挥决策效应。

基于以上论述，我们提出如下假设：

假设3.1：上市公司超额设立独立董事与其面临的技术环境复杂性正相关。

2. 技术环境动态性与上市公司超额设立独立董事

所谓动态性，是指组织所处技术环境中的要素具有较高的变化速率以及较大的不可预测性。也就是说，当技术环境的变化异常剧烈时，组织很难预测其变化的幅度与方向。如果再加入其他随机因素的干扰，组织更加难以应对动态的技术环境。独立董事由于具有专业知识与职业管理经验，可能会更快速、准确地对环境的变化进行预测。

对于当前的中国上市公司而言，它们所面临的制度和各项政策持续发生变化，外部环境中各要素的变化速率非常高。而独立董事凭借其丰富的市场知识以及敏锐的洞察力（Fich，2005），可以为公司提供如何有效地应对环境动态性的建议。关于独立董事如何处理技术环境动态性的能力，普雷弗和萨兰西克（Preffer and Salancik，1978）提供了一个具体案例。一个规模不大的私营咨询公司，任命的董事会成员包括一名著名律师、《财富》杂志的一位作家以及世界银行副主席。之所以将他们引入董事会，是为了充分利用他们所具有的商业专家意见。他们提供的一个建议是放弃浪费时间的业务，转而开发能够用费用来租用有市场潜力的产品。后来，CEO 对这一建议进行了采纳，公司实现了业务转型，从一个规模较小的咨询公司转变成为全球化的企业销售标准化信息和解析服务公司，收入水平大大增加。①

另外，公司之所以引入独立董事，还可能是吸纳技术环境中的敌对势力，以避免他们对公司的动态干扰（Preffer and Salancik，1978）。技术环境中的敌对势力一旦被吸纳入公司，他们便被纳入公司框架中，对公司的行为和利益负责。同时，他们为了保持自己的既得权利或者影响，也会对公司保持忠诚。因此，公司便能够消化环境中潜在的敌对因素，从而有效地规避了环境动态性给公司所带来的负面影响。塞尔兹尼克关于田纳西河流域管理局的研究也涉及了这种逻辑（Scott and Davis，2007）。

基于以上论述，我们提出如下假设：

假设 3.2：上市公司超额设立独立董事与其面临的技术环境动态性正相关。

3. 技术环境丰富性与上市公司超额设立独立董事

所谓丰富性，是指技术环境支持组织成长与发展的程度。当技术环境较为丰富时，组织在环境中可以获得十分充裕的资源，组织在环境的支持和帮助下不断成长与发展。然而，当技术环境丰富性程度较低时，组织的正常生产与发展便会受到约束。

许多学者提供了关于独立董事能够为公司带来资源的实证证据（Weisbach，1988；Lang and Lockhart，1990；Boyd，1990；Boeker and Goodstein，1991；Hillman et al.，2000）。在中国的文化情境下，独立董事的这种作用更加明显。关系在中国企业的运营中发挥着重要作用，特别是与政府之间的关系，即政治关联。有鉴于此，许多

---

① ［美］Preffer，J.、Salancik，G. R.：《组织的外部控制——对组织资源依赖的分析》，闫蕊译，东方出版社 2006 年版，第 179 页。

公司都尝试采用设立独立董事的方式以完善自身关系网络（谢绚丽等，2011；刘春等，2015）。

如果独立董事可以给公司带来资源，那么当环境丰富性程度较低时，上市公司会考虑引入独立董事。基于以上论述，我们提出如下假设：

假设3.3：上市公司超额设立独立董事与其面临的技术环境丰富性负相关。

（二）制度环境与上市公司超额设立独立董事

有学者指出，合法性机制存在强弱之分（周雪光，2003）。强意义的合法性机制是指制度环境直接要求组织采取某种行为，而弱意义的合法性机制是指制度环境给予组织一定激励，从而让组织自愿采取某种行为。如前所述，《指导意见》规定上市公司董事会中独立董事的比例不得少于1/3，这种合法性机制便是强意义的。由于本节重点分析上市公司为何在独立董事超过法定比例后还要继续引入，因变量的选择事实上便对强意义合法性进行了控制。因此，本节重点分析弱意义合法性，旨在挖掘组织趋同的内在机理。我们指出，上市公司超额设立独立董事这一行为趋同的微观基础，一是模仿其他组织的行为；二是向利益相关者释放信号。

1. 模仿机制与上市公司超额设立独立董事

DiMaggio和Powell（1983）指出，"制度同型"的模仿机制是指组织为规避不确定性，会对那种环境中已广泛采用的组织形式进行模仿。如果有很多组织都采用了某种实践，这种实践便具有了合法性，组织会倾向于模仿这种实践。模仿可能会通过一种无意识的影响形式来发生，因为一种行为的经常发生会使它被认为是理所当然的，可能会被个体组织无意识地采用。

一些实证研究使用出现频率作为模仿机制的代理变量，对模仿机制的存在进行了检验，例如，托尔伯特和朱克（Tolbert and Zucker，1983）证明了在公务员制度扩散的后一阶段，焦点城市采纳这项制度的原因主要是在对其他城市进行模仿。费利格斯坦（Fligstein，1985）与帕尔默等（1993）的研究发现，在前一阶段，如果公司所采纳的是基于生产的增长策略，并且其高层管理者是出身于金融部门或销售部门的经理，那么这类公司采纳 M 形结构的可能性更高。在这种情况下，公司主要基于效率机制采纳这种结构。然而，在后一阶段，尽管上述因素仍然具有一定作用，但是，一些其他因素的作用也开始显现。具体来说，如果某个公司所处行业中采纳 M 形结构的其他公司数量越多，那么它就越可能也引入这种结构。这一发现为组织趋同机制中模仿机制的存在提供了实证证据。其他研究也发现，先前出现频率对公务员改革（Knoke，1982）、矩阵管理（Burns and Wholey，1993）等组织实践的采纳都有显著影响。

组织倾向于进行模仿的原因之一是有限理性及注意力短缺（周雪光，2003）。当面临环境不确定性时，组织为有效地规避这种不确定性，最好的方法便是对那些大家都普遍采纳的组织结构或行为进行模仿。当一个缺乏注意力的组织面对不同环境要素的不同利益诉求时，决策者因为注意力短缺而无法做到同时进行多项决策，在这种情况下，模仿行为便有可能出现。考虑到资本市场上较大的不确定性，上市公司为了满足投资者治理合规的要求，很有可能会对其他公司超额设立独立董事的行为进行模仿，即使它们意识不到这种行为究竟有什么价值。基于以上论述，我们提出如下假设：

假设3.4：上市公司超额设立独立董事与上一年本行业中超额设立独立董事公司的比例正相关。

2. 信号机制与上市公司超额设立独立董事

周雪光（2003）指出，组织还有可能为了向外界释放某种信号而采纳一项制度。释放信号是指组织主动通过采纳某种结构或做法，以让环境中的利益相关者了解到自己拥有某种私有信息。一个例子是，考上大学对个人来说就是发出一种信号，因为这可以证明一个人的能力比没有考上大学的人要强。

周雪光进一步指出，为了使组织发出的信号有效，需要同时满足两个条件：第一，不同个体发出信号的成本大小存在差异。具体来说，发出信号的成本与个体的能力成反比。第二，能力较高的个体愿意释放这种信号。限于这两个条件，最先对某种结构或行为进行采纳的组织可能并不是因为这种结构或行为具有较高的效率，而是由于这些组织能力较高，满足释放信号的两个条件。另外，不同的组织对外部环境压力的感知也不尽相同。能力较高的组织相对来说更易感受到来自环境的压力，因此更倾向于采纳新的结构或行为进而获取合法性。鉴于此，我们预期那些未被 ST 的上市公司相对来说更倾向于超额设立独立董事。谭劲松等（2003）通过检验上市公司独立董事制度的运行状况后指出，引入较多的独立董事需要上市公司承担一定的成本，而绩效好的上市公司可以承担，符合上面所述的第一个条件。此外，这类公司为了将自身与绩效不好的公司进行区分，更可能聘请更多的独立董事以释放信号，这符合第二个条件。由此可以推断，很明显，那些被 ST 的上市公司不符合这两个条件，没有超额设立独立董事的能力。

另外，有研究指出，遭受质疑较多的上市公司更倾向于释放信号，从而证明它们不应该受到质疑（Boeker and Goodstein，1991）。马奇和西蒙（March and Simon，1958）也指出，较差的绩效会导致组织进行基于问题导向的搜寻，从而促进组织变革。钱德勒（Chandler，1962）提供了通用汽车公司的例子，描述了该公司在绩效较差时如何进行战略和结构调整的过程。鉴于此，被 ST 的上市公司更可能会超额设立独立董事。一些研究为该观点提供了实证证据，例如，卡普兰和明顿（Kaplan and Minton，1994）在对日本的独立董事制度进行分析时，发现绩效较差的公司更可能增选独立董事。布哈加特和布莱克（2001）的研究发现，盈利能力较差的公司会倾向于提高其董事会的独立性，尽管这种策略并没有带来实际价值。

鉴于以上论述，我们提出如下两组对立的假设：

假设 3.5a：上市公司超额设立独立董事与其上一年被 ST 正相关。

假设3.5b：上市公司超额设立独立董事与其上一年被 ST 负相关。

分析假设 3.1 至假设 3.5 可以发现，上市公司为了有效地适应外部技术环境和制度环境，会倾向于超额设立独立董事，而超额设立独立董事的行为使规制性的独立董事制度开始出现认知性的迹象。在图 3 - 1 中，可以看到独立董事制度的变迁过程。

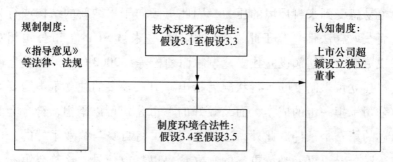

图 3 - 1 独立董事制度由规制性向认知性的变迁

二 研究设计

本部分介绍了本节实证研究过程中的样本选择与数据来源、变量定义、模型构建等。

（一）样本选择与数据来源

考虑到《指导意见》中制定的阶段性目标是在 2003 年 6 月 30 日前，上市公司董事会成员中独立董事的比例不得少于 1/3，本节在实证分析时选择 2003 年作为样本期间的起始年份，采用 2003—2014 年的主板上市公司作为初始样本。在剔除数据不全的上市公司以及属于金融行业的上市公司之后，最终得到的样本包含 12734 个上市公司。①

———————

① 由于计算技术环境动态性和丰富性时需要利用上市公司某年度前五年的财务数据（如计算 2003 年的动态性需要利用 1999 年的数据），因此数据不全的上市公司较多。也是基于此考虑，我们在本章中仅选择主板上市公司作为样本，因为中小板上市公司的样本从 2008 年（2004 年开始有中小板）起才可以利用，而创业板上市公司的样本从 2013 年（2009 年开始有创业板）起才可以利用。

本节所使用的上市公司财务数据与公司治理数据均来源于国泰安 CSMAR 数据库，数据库中缺失的数据通过收集年报进行补充，年报下载自和讯网。在研究过程中，我们处理与分析数据时采用的软件为 Excel 2010 和 Stata13.0。

（二）变量定义

本书设计了一个虚拟变量 vol 以测量因变量上市公司是否超额设立独立董事。具体来说，如果董事会中独立董事的比例超过了 1/3，该变量等于 1，否则为 0。①

自变量方面，测量环境不确定性的变量有复杂性（com）、动态性（dyn）和丰富性（mun）三个。沿用武立东（2007）的做法，我们采用公司规模对环境复杂性进行测量。动态性变量的测量我们借鉴了沙曼和迪恩（1991）的方法，将公司连续五年的销售额以自变量为 1—5 进行回归分析。其中，本年度的自变量为 5，而离本年度最远的那一年自变量为 1。这一模型回归系数的标准差除以五年销售额的均值即动态性。对丰富性的测量也采用相同的方法，只是替换为用回归的斜率系数除以五年销售额的均值。对模仿机制的测量，我们使用模仿比例（per）这一变量，而信号机制的测量采用上年是否被 ST（st）。需要注意的是，考虑到自变量与因变量之间可能存在的内生性问题，我们将测量环境不确定性不同维度的三个变量进行了一期的滞后。

考虑到相关部门导入独立董事制度的初衷是为了发挥这种类型独立董事的监督作用，上市公司超额设立独立董事可能也存在解决代理问题的动机。因此，本书选取了如下控制变量：第一大股东持股比例（no1）与两职合一（dual）。除此之外，本书还在模型中控制了其他一些变量，包括董事会人数（board）、上市公司是否国有（state）以及 11 个行业虚拟变量（ind_{1-11}）、11 个年度虚拟变量

① 考虑到实际情况，当独立董事人数 – 董事会规模×1/3 > 2/3 时，本书才将 vol 赋值为 1。比如说，一家上市公司的董事会中有 7 人，独立董事有 3 人，但并不应算作超额设立独立董事。

（year$_{1-11}$）。

在表 3 - 1 中，本书对各变量的代码及定义情况进行了详细报告。需要说明的是，在实证分析中，为了消除一些连续变量异常值的影响，本书对它们进行了上下 1% 的 Winsorize 处理。

表 3 - 1   相关变量说明

变量	简写代码	变量定义
是否超额设立独立董事	vol	若独立董事比例大于 1/3，vol 等于 1，否则为 0
复杂性	com	公司总资产的自然对数
动态性	dyn	以营业收入为因变量、年度为自变量进行回归，用回归系数的标准差除以营业收入的均值，具体参见 Sharman 和 Dean（1991）
丰富性	mun	以营业收入为因变量、年度为自变量进行回归，用回归系数除以营业收入的均值，具体参见 Sharman 和 Dean（1991）
模仿比例	per	上一年同行业中超额设立独立董事的公司比例
上年是否被 ST	st	本公司上一年是否被 ST
第一大股东持股比例	no1	上市公司第一大股东的持股比例
两职合一	dual	若董事长兼任总经理，dual 等于 1，否则为 0
董事会规模	board	董事会成员的人数
上市公司是否国有	state	上市公司实际控制人性质为国有，state 等于 1，否则为 0
11 个行业虚拟变量	ind	若属于该行业则赋值为 1，否则为 0
11 个年度虚拟变量	year	若属于该年度则赋值为 1，否则为 0

资料来源：笔者设计整理。

（三）模型构建

考虑到模型中的因变量是 0—1 变量，因此，本书采用 Logit 回归分析方法，具体模型如下：

$$\ln\left(\frac{P(vol=1)}{1-P(vol=1)}\right) = \alpha + \beta_1 \cdot com + \beta_2 \cdot dyn + \beta_3 \cdot mun +$$

$$\beta_4 \cdot per + \beta_5 \cdot st + \beta_6 \cdot no1 + \beta_7 \cdot dual + \beta_8 \cdot board + \beta_9 \cdot state +$$

$$\beta_{10} \cdot \sum_{i=1}^{11} ind + \beta_{11} \cdot \sum_{i=1}^{11} year + \varepsilon \qquad (3.1)$$

三　计量结果与分析

在本节中，我们首先对各变量进行了描述性统计；其次计算了各变量之间的相关性系数及其显著性，以初步判断假设是否成立；最后采用 Logit 回归分析的方法，我们实证检验了以上所提出的研究假设。

（一）变量的描述性统计

各变量的描述性统计结果见表 3 - 2。除对各个变量进行总体性描述之外，我们还根据样本公司的实际控制人性质，将样本公司划分为国有企业和非国有企业两个子样本，分别针对两个子样本列示各变量的描述性统计结果，并采用 t 检验方法分析各变量在两个子样本之间是否存在显著性差异。

表 3 - 2　　　　　　　　变量的描述性统计结果

变量	全样本		国有企业		非国有企业		t 检验
	均值	标准差	均值	标准差	均值	标准差	
vol	0.0812	0.2732	0.0841	0.2775	0.0754	0.2641	− 1.6810 *
com	21.7538	1.2875	21.9810	1.2631	21.2929	1.2113	− 29.3017 ***
dyn	0.0664	0.0702	0.0588	0.0610	0.0819	0.0837	17.7111 ***
mun	0.1170	0.1756	0.1269	0.1577	0.0971	0.2057	− 9.0498 ***
per	0.0747	0.0405	0.0735	0.0410	0.0770	0.0395	4.5500 ***
st	0.0908	0.2873	0.0612	0.2397	0.1508	0.3579	16.7322 ***
no1	0.3716	0.1600	0.4046	0.1592	0.3048	0.1395	− 34.6088 ***
dual	0.1337	0.3404	0.0967	0.2956	0.2088	0.4065	17.6946 ***
board	9.1556	1.9724	9.4304	1.9991	8.5980	1.7922	− 22.8478 ***
state	0.6699	0.4703					
样本数	12734		8530		4204		

注：***、**、*分别表示 1%、5%、10% 的显著性水平。

观察表 3 - 2 可以发现，有 8.1% 的样本公司进行了这一制度创新，其中国有企业子样本中存在 8.4% 的上市公司主动设立了独立董事，而非国有企业子样本超额设立独立董事的上市公司比例较低，为 7.5%。t 检验的结果表明，因变量是否超额设立独立董事在实际控制人性质不同的企业之间存在显著差异，显著性水平为10%。自变量环境不确定性方面，对比三个变量的均值和标准差可以发现，样本中各上市公司之间在环境不确定性的三个维度上存在较大的差异。此外，国有企业所面临外部环境的复杂性和丰富性要高于非国有企业，而与国有企业相比，非国有企业面临着更高的环境动态性。t 检验的结果表明，环境不确定性的这三个变量在两个子样本之间存在显著性差异，显著性水平均为 1%。考虑到自变量上一年同行业中超额设立独立董事的上市公司比例反映的是因变量上一期的情况，其均值比因变量的均值稍低，因为表 1 - 3 表明，上市公司超额设立独立董事的比例总体上呈上升趋势。上一年被 ST 的公司占全部样本的 9.1%，这表明样本中被 ST 的公司总体并不多。另外，实际控制人不同的企业之间在这一变量上存在显著差异，显著性水平为 1%。具体来说，非国有企业子样本中 ST 公司所占比例更高。控制变量方面，第一大股东持股比例的均值为37.2%，进一步的对比发现，国有企业子样本的第一大股东持股比例高于非国有企业，且两者之间在 1% 的显著性水平下存在显著差异。董事长与总经理是否由一人担任这一变量的描述性统计结果表明，这种现象在样本公司中并不多见，占总量的 13.4%。对比国有企业子样本和非国有企业子样本可以发现，非国有企业中两职合一的现象更普遍，差异的显著性水平为 1%。董事会的规模在 9 个人左右，并且国有企业子样本要高于非国有企业子样本。

（二）相关性分析

在上一部分中分析了各变量的描述性统计结果之后，我们进一步分析各变量之间的相关性，具体的相关性分析结果见表 3 - 3。

表 3 – 3 变量的相关性分析结果

变量	vol	com	dyn	mun	per
vol	1				
com	0.0797 ***	1			
dyn	0.0106	– 0.1399 ***	1		
mun	0.0251 ***	0.3308 ***	0.0578 ***	1	
per	0.1007 ***	0.2085 ***	0.0510	0.0263 ***	1
st	0.0111	– 0.3511 ***	0.2160 ***	– 0.2763 ***	– 0.0226 **
no1	– 0.0050	0.2476 ***	– 0.0198 **	0.1493 ***	– 0.0921 ***
dual	– 0.0036	– 0.0934 ***	0.0212 **	– 0.0527 ***	0.0137
board	– 0.0888 ***	0.2549 ***	– 0.1031 ***	0.0898 ***	– 0.0423 ***
state	0.0149 *	0.2513 ***	– 0.1551 ***	0.0799 ***	– 0.0403 ***
变量	st	no1	dual	board	state
st	1				
no1	– 0.1041 ***	1			
dual	0.0606 ***	– 0.1000 ***	1		
board	– 0.0914 ***	0.0473 ***	– 0.0916 ***	1	
state	– 0.1467 ***	0.2932 ***	– 0.1549 ***	0.1985 ***	1

注：***、**、*分别表示1%、5%、10%的显著性水平。

观察表 3 – 3 可以发现，因变量是否超额设立独立董事与外部环境的复杂性正相关，且在 1% 的显著性水平下显著，这与假设 3.1 相符。假设 3.2 指出，是否超额设立独立董事与环境动态性正相关，表 3 – 3 中这两个变量间相关系数的符号符合这一预期，然而，在统计上并不显著。另外，我们预期环境丰富性与上市公司是否超额设立独立董事之间的关系应该为负，但有趣的是，表 3 – 3 中这两个变量之间相关系数的符号与预期相反。因此，假设 3.2 和假设 3.3 还需要通过下一部分中进一步的回归分析来验证。因变量是否超额设立独立董事与上一年同行业中超额设立独立董事的公司比例正相关，且在 1% 的显著性水平下显著，这一结果有力地支持了假设 3.4。此外，变量上一年是否被 ST 与因变量之间的相关系数为正，这与假设 3.5a 中的预期一致。换言之，如果上一年上市公司被 ST，本年度该公司超额设立独立董事的可能性便会增加。然而，由于在统计上不显著，还需要下一部分通过回归分析做进一步验证。控制变量方面，第一大股东持股比例和两职合一设置这两个变量与因变量是否超额设立独立董事之间的相关系数皆为负，尽管并不显著。这表明上市公司的独立董事具有一定的监督作用，当存在代理问题倾向时（两职合一代表第一类代理问题，第一大股东持股比例代表第二类代理问题），上市公司主动引入独立董事的行为会受到抑制。董事会的规模越大，计算独立董事比例的基数越大，因此，董事会规模与因变量之间在 1% 的显著性水平下显著的负相关关系是毫无疑问的。此外，实际控制人是否国有与因变量之间的相关系数在 10% 的显著性水平下显著为正，说明国有企业比非国有企业更可能超额设立独立董事。

表 3-3 中各变量之间的相关性分析初步检验了我们提出的研究假设。此外，从表 3-3 中还可以看到，各自变量与控制变量之间的相关系数大多数都低于 0.3，表明回归模型的多重共线性问题并不严重。鉴于此，我们在下一部分采用 Logit 回归分析的方法对假设进行检验。

（三）Logit 回归分析

在对各变量进行了描述性统计以及分析了各变量之间的相关性之后，我们将继续进行回归分析，从而进一步检验我们所提出的研究假设。如前所述，我们采用 Logit 回归分析方法对模型进行回归分析，具体回归分析结果见表 3-4。

表 3-4　　　　　　　　　**Logit 回归分析结果**

vol	模型 1	模型 2	模型 3	模型 4
no1	0.0067	-0.5457**	0.0181	-0.5617**
	[0.2225]	[0.2288]	[0.2229]	[0.2290]
dual	-0.0950	-0.0560	-0.0959	-0.0626
	[0.0996]	[0.1002]	[0.0997]	[0.1003]

续表

vol	模型 1	模型 2	模型 3	模型 4
board	-0.2016***	-0.2460***	-0.1997***	-0.2462***
	[0.0191]	[0.0196]	[0.0191]	[0.0196]
state	0.3104***	0.2070***	0.3145***	0.2145***
	[0.0769]	[0.0784]	[0.0773]	[0.0786]
ind	控制	控制	控制	控制
year	控制	控制	控制	控制
com		0.2902***		0.3159***
		[0.0313]		[0.0319]
dyn		0.7170		0.2675
		[0.4963]		[0.5121]
mun		0.0308		0.2052
		[0.2061]		[0.2102]
per			2.8794**	2.9912**
			[1.3536]	[1.3748]
st			0.0972	0.5006***
			[0.1124]	[0.1244]
cons	-1.5826***	-7.1146***	-1.7270***	-7.7951***
	[0.3031]	[0.6740]	[0.3111]	[0.6899]
Pseudo R^2	0.0396	0.0530	0.0403	0.0557
LR χ^2	283.99***	379.89***	289.23***	399.64***
样本数	12734	12734	12734	12734

注：***、**、*分别表示1%、5%、10%的显著性水平，括号内为标准误。

在表3-4中，我们列示了四个模型的 Logit 回归分析结果。首先，模型1为仅将因变量对各控制变量进行回归分析的模型。观察模型1可以发现，与相关性分析的结果一致，董事会规模越大，上市公司越不太可能超额设立独立董事，表现为董事会规模这一变量的回归系数在1%的显著性水平下显著为负。此外，实际控制人是否国有这一变量的系数在1%的显著性水平下显著为正，表明国有企业更可能超额设立独立董事。在模型 1 基础上，我们加入了技术环境不确定性的三个变量以检验技术环境对上市公司是否超额设立独立董事的影响，回归结果见模型 2。观察模型 2 可以发现，环境复杂性变量的系数在 1% 的显著性水平下显著为正，也就是说，随着上市公司外部环境复杂性程度的提高，公司超额设立独立董事的可能性随之提高，假设 3.1 得以验证。环境动态性变量的系数符号为正，符合假设 3.2 的预期，但在统计上并不显著。此外，环境丰富性的系数符号与假设 3.3 的预期相反，在统计上也不显著。我们认为，这一结果的产生可能是由于不同上市公司的所有权性质、行业性质不同而导致的。鉴于此，我们在进一步检验中分样本检验了环境不确定性对不同类型上市公司是否超额设立独立董事的影响。

模型 3 在模型 1 的基础上加入了测量制度环境的两个变量，以对假设 3.4 和假设 3.5 进行检验。观察模型 3 可以发现，上一年同行业中超额设立独立董事的上市公司比例这一变量在 5% 的显著性水平下显著为正，表明上一年同行业中进行这一制度创新的公司比例越大，本年度焦点上市公司超额设立独立董事的可能性越高。这一结果证明了假设 3.4 中模仿机制的存在。此外，上一年度是否被 ST 这一变量的系数为正，与假设 3.5a 的预期一致，但在统计上并不显著。模型 4 是将所有变量同时放入进行回归后得到的结果。观察模型 4 可以发现，各变量在同时放入后对因变量的影响基本未变。

另外，对于表 3 - 4 中的四个 Logit 回归模型，其整体卡方检验都在 1% 的显著性水平下显著拒绝了原假设，说明各模型的整体拟合状况较好。

四 进一步的检验

在上一部分的 Logit 回归分析中，我们对影响上市公司超额设立独立董事的具体因素进行了检验。进一步地，我们基于不同的标准对样本进行了划分，并通过分析决定超额设立独立董事时的动因在不同的子样本之间是否存在差异，更深入地理解上市公司希望引入的独立董事发挥何种作用。具体来说，我们基于实际控制人性质是否国有以及所属行业的不同对样本进行了细分。

（一）基于实际控制人性质的上市公司超额设立独立董事动因差异

中国转型经济背景的一个重要特征便是所有权性质不同的企业所面对的环境存在较大的差异。鉴于此，我们对国有控股（state = 1）与非国有控股（state = 0）的上市公司进行了比较，表 3 - 5 中的模型 5 和模型 6 分别用来检验这两个子样本中哪些因素决定着上市公司超额设立独立董事的行为。

通过对比表 3 - 5 中的模型 5 和模型 6 可以发现，上市公司的实际控制人性质不同，影响其是否超额设立独立董事的因素确实存在差异。采用 Chow 检验的方法，我们发现，两个模型回归之间存在结构性差异（$LR\chi^2 = 51.18$，$p < 0.01$）。具体来说，对于国有上市公司而言，它们之所以引入更多的独立董事，很大程度上是迫于外部技术环境复杂性的影响。具体来说，技术环境复杂性的变量符号为正，且在 1% 的显著性水平下显著。此外，国有上市公司超额设立独立董事也有向外界传递信号以获取合法性的动机，在该表中表现为 st 变量的系数在 10% 的显著性水平下显著为正。对于非国有上市公司而言，上市公司超额设立独立董事除为应对外部技术环境的复杂性以外（表现为环境复杂性变量的系数在 1% 的显著性水平下显著），还具有通过超额设立独立董事向外界传递利好信号的倾向，因为 st 变量的系数在 1% 的显著性水平下显著为正。进一步的 Chow 检验表明，st 变量的系数在国有控股样本和非国有控股样本之间存在显著差异（$\chi^2 = 10.81$，$p < 0.01$），说明非国有控股企业更强调通过引入更多的独立董事获取合法性。此外，在模型 6 中，第一大股东持股比例和两职合一变量的系数都为负，且分别在 1% 和 10% 的显著性水平下显著，表明那些存在代理问题倾向的非国有上市公司更不愿意引入更多的独立董事，从而间接地证明了独立董事的监督功能。

　　另外，对于表 3 - 5 中的两个 Logit 回归模型，其整体卡方检验都在 1% 的显著性水平下显著拒绝了原假设，表明各模型的整体拟合状况较好。

表 3 - 5　　　　　　　　　进一步检验（分实际控制人性质）

vol	模型 5	模型 6
no1	- 0. 3234	- 1. 2796 ***
	[0. 2694]	[0. 4753]
dual	0. 1170	- 0. 2837 *
	[0. 1338]	[0. 1532]
board	- 0. 2283 ***	- 0. 3134 ***
	[0. 0230]	[0. 0377]
ind	控制	控制
year	控制	控制
com	0. 3202 ***	0. 2730 ***
	[0. 0375]	[0. 0625]
dyn	0. 8726	- 0. 7479
	[0. 6657]	[0. 8324]
mun	0. 4538	0. 0348
	[0. 2798]	[0. 3328]
per	2. 5141	3. 6178
	[1. 6443]	[2. 5516]
st	0. 3081 *	0. 6302 ***
	[0. 1786]	[0. 1861]
cons	- 8. 0291 ***	- 6. 3244 ***
	[0. 8198]	[1. 3961]
Pseudo R^2	0. 0621	0. 0632
LR χ^2	305. 85 ***	142. 11 ***
样本数	8530	4204

注：*** 、** 、* 分别表示 1% 、5% 、10% 的显著性水平，括号内为标准误。

（二）基于行业性质的上市公司超额设立独立董事动因差异

除实际控制人性质以外，还存在其他一些因素影响着上市公司所面临环境的差异，例如所属行业的不同。因此，在本部分，我们还选择了两个特征比较明显的行业，即房地产行业（$ind_9 = 1$）和社会服务业（$ind_{10} = 1$），分析影响这两个行业中的上市公司超额设立独立董事的变量是否存在显著差异。表3-6中的模型7和模型8分别为针对这两个子样本的 Logit 回归分析结果。

表3-6　　　　　　　　　　进一步检验（分行业）

vol	模型 7	模型 8
no1	0.5320	0.1953
	[0.7340]	[1.5413]
dual	-0.0061	0.0127
	[0.3612]	[0.5469]
board	-0.2181***	-0.7714***
	[0.0748]	[0.1603]
state	0.2112	1.1699**
	[0.2774]	[0.5408]
year	控制	控制
com	0.4322***	0.4088**
	[0.1271]	[0.1917]
dyn	0.5434	-5.1202*
	[1.3641]	[2.9992]
mun	-0.3157	3.0984**
	[0.6250]	[1.3469]
per	-6.2373	-1.5048
	[8.9609]	[10.2793]
st	0.1186	2.7472***
	[0.5227]	[0.7755]
cons	-10.7488***	-5.3235
	[2.7755]	[3.7331]

续表

vol	模型 7	模型 8
Pseudo R^2	0.0692	0.2399
LR χ^2	35.96**	62.15***
样本数	893	376

注：***、**、*分别表示1%、5%、10%的显著性水平，括号内为标准误。

对于中国的房地产上市公司而言，它们为了获取技术环境中有限的资源，需要积极地构建不同的渠道，而引入更多的独立董事无疑是这些渠道中的一种。在表3-6中，模型7的结果为此提供了一定的证据。具体来说，环境复杂性变量的系数在1%的显著性水平下显著为正，表明房地产行业上市公司为了有效应对技术环境的复杂性而引入更多的独立董事。另外，值得注意的是，环境丰富性变量，该变量的系数符号为负，意味着随着房地产上市公司所面临技术环境丰富性程度的提高，其变得不再依赖于更多的独立董事来为公司带来资源。尽管该变量的系数在统计上不显著，但它为独立董事可以给上市公司带来资源以缓解外部环境丰富性较低的局面这一功能提供了证据。对于社会服务业而言，考虑到该行业中存在公共设施服务等非竞争业务，独立董事的功能与竞争充分的房地产行业存在一定差异。具体来说，与房地产行业一致，环境复杂性变量的系数符号为正，且在5%的显著性水平下显著。但与预期相反的是，环境动态性的系数符号为负，且在10%的显著性水平下显著。环境丰富性的系数符号为正，且在5%的显著性水平下显著。这两个变量的系数表明，该行业中上市公司所面临的外部环境越有利，它们就越有可能引入更多的独立董事。这一结果表明，在独立董事这一资源的分配上，呈现出了"富者越富"的局面。进一步地，模型8中上一年度是否被ST这一变量的系数在1%的显著性水平下显著，表明引入独立董事对于该行业而言是一种有效地传递利好信号从而获取合法性的手段。

　　表 3 - 6 还报告了两个 Logit 回归模型的拟合情况，两个模型的整体卡方检验分别在 5% 和 1% 的显著性水平下显著拒绝了原假设，表明各模型的整体拟合状况较好。

小结

　　我们对本节关于上市公司超额设立独立董事动因的研究结论进行了总结。在此基础上，阐述了如何进一步检验独立董事的不同功能。

　　本节从上市公司超额设立独立董事的独特现象入手，基于代理理论、资源依赖理论与新制度理论，识别了上市公司进行这一制度创新的动因。通过对包含 2003—2014 年的主板上市公司的样本进行 Logit 回归分析，我们得出了如下研究结论：首先，技术环境会影响上市公司的行为。为了有效地应对外部技术环境的不确定性，上市公司会引入更多的独立董事。其次，除受技术环境的影响之外，上市公司的行为也会受到制度环境的影响，其超额设立独立董事的原因之一便是为了满足制度环境的合法性要求。进一步地，通过检验不同子样本之间上市公司超额设立独立董事的影响因素是否存在差异，研究发现，相较于国有企业，非国有企业更强调通过引入更多的独立董事以获取制度环境中的合法性。另外，非国有企业子样本的回归模型中控制变量的系数也间接地表明独立董事具有一定的监督功能。在对不同行业的子样本进行检验时，研究发现，处在竞争激烈的房地产行业中的上市公司更强调独立董事可以为公司带来资源、有效应对环境不确定性的功能，而社会服务业则更倾向于利用独立董事的影响力。

　　本节的目的旨在通过检验上市公司超额设立独立董事的动因来识别独立董事在上市公司中所发挥的作用。经过本节的实证检验，总体上看我们识别了独立董事的三种功能：第一种为监督功能（表现在控制变量的回归系数上），这也是相关部门在上市公司中导入独立董事制度的初衷；第二种为获取合法性功能（具体表现为假设 3.4 中的模仿机制和假设 3.5 中的信号机制），上市公司为了满足外部制度环境的合法性要求而设立独立董事；第三种为应对环境不确定性功能（假设3.1至假设3.3），上市公司为了有效地应对外部技术环境的不确定性而引入独立董事。

在下一节中，我们进一步采用问卷调查数据分析了上市公司被调查者所感知的独立董事功能是否与通过分析超额设立独立董事动因所识别的功能相一致。

第二节　独立董事的三种功能：基于上市公司问卷调查的证据①

2016年1—2月，中国上市公司协会通过其官方网站发布问卷的形式对上市公司的董事会履职情况进行了调查。在该项调查中，一些问题涉及了独立董事的功能。本节利用这一独特数据对独立董事功能进行了分析。

一　研究设计

（一）数据收集与样本描述

为编写《上市公司董事会工作指引》，中国上市公司协会与南开大学中国公司治理研究院联合成立了课题组，对上市公司的董事会履职情况进行问卷调查。本章利用问卷中关于独立董事功能的数据，并结合国泰安数据库中样本公司的财务数据与公司治理数据，分析了上市公司特征与其所感知到的独立董事功能之间的关系。

在中国上市公司协会于2016年1月将问卷公布于其官方网站之后，共有460家上市公司填写了问卷，在剔除2家B股上市公司、1家H股上市公司、1家新三板公司以及9家数据不全的上市公司之后，得到有效问卷447份，有效回收率为97.2%。447家样本公司所属的行业及所有权性质分布情况见表3-7。观察表3-7可以发

---

① 本节主要观点发表于《武汉大学学报》（哲学社会科学版）2017年第2期。

现，我们的样本具有一定的代表性。

表 3 - 7　　　　　　样本公司的行业与所有权性质分布情况

Panel A：样本公司的行业分布情况					
行业门类代码 （2001 证监会行 业分类指引）	样本数	比重 （%）	行业门类代码 （2001 证监会行 业分类指引）	样本数	比重 （%）
A	6	1.34	H	21	4.70
B	14	3.13	I	16	3.58
C	264	59.06	J	16	3.58
D	21	4.70	K	18	4.03
E	6	1.34	L	5	1.12
F	15	3.36	M	8	1.79
G	37	8.28			

Panel B：样本公司的所有权性质分布情况					
所有权性质	样本数	比重（%）	所有权性质	样本数	比重（%）
国有	193	43.18	非国有	254	56.82

资料来源：笔者设计整理。

（二）测量量表与其他变量定义

1. 测量量表及其信度和效度

参照已有关于董事功能的文献，如 Minichilli 等（2009）、Melkumov 等（2015），课题组设计了量表对独立董事的功能进行测量。所有量表均为李克特五点量表，1 表示"非常不同意"，5 表示"非常同意"。具体量表见表 3 - 8。

表 3 - 8　　　　　　独立董事功能的测量量表

独立董事功能	测量量表
监督功能 （monitor）	独立董事监督和控制 CEO 的工作
	独立董事监督公司的投资、并购行为

续表

独立董事功能	测量量表
获取合法性功能（legitimacy）	独立董事有助于提高公司的公众形象
	独立董事有助于使公司获得顾客的认可
	独立董事有助于使公司获得金融机构、政府部门等相关方的认可
应对环境不确定性功能（uncertainty）	独立董事向高层管理者提供管理咨询建议
	独立董事向高层管理者提供关于新技术、新产品等信息与咨询
	独立董事向高层管理者提供关于行业、市场等信息与咨询
	独立董事向高层管理者提供关于法律、税务等信息与咨询

资料来源：笔者设计整理。

关于该测量量表的信度，表 3 – 8 中独立董事功能各维度的 Cronbach's α 系数分别为 0.881、0.819 和 0.899，都超过了 0.70 的阈值，表明量表具有较高的信度。

关于该测量量表的效度，本书采用了验证性因子分析技术，测量了独立董事功能各维度之间的区分效度，具体结果见表 3 – 9。表 3 – 9 中的模型 1 为假设模型，即独立董事具有监督功能（因素 1）、获取合法性功能（因素 2）及应对环境不确定性功能（因素 3）。其他四个替代模型则分别是将三个因素中的两个随机组合而形成的三个二因素模型，以及将三个因素全部组合在一起形成的一个一因素模型。观察表 3 – 9 中的模型 1 可以发现，样本数据与假设模型之间的拟合度较好，而其他替代模型与样本数据之间的拟合程度则较差。此外，卡方检验及模型拟合指数的对比表明，假设模型与替代模型之间存在显著差异。总体上看，表 3 – 9 的结果证明了三个因素之间具有较好的区分效度。

表 3 – 9　　　　　　　　测量模型的比较分析

模型	因素	χ^2	自由度	$\Delta\chi^2$	RMSEA	CFI	GFI	NNFI
1	三因素	153.78	24		0.110	0.97	0.93	0.96

续表

模型	因素	χ^2	自由度	$\Delta\chi^2$	RMSEA	CFI	GFI	NNFI
2	因素 1、因素 3 合并	407. 93	26	254. 15 ***	0. 181	0. 90	0. 83	0. 86
3	因素 1、因素 2 合并	435. 23	26	281. 45 ***	0. 188	0. 90	0. 82	0. 86
4	因素 2、因素 3 合并	385. 88	26	232. 10 ***	0. 176	0. 92	0. 84	0. 89
5	因素 1、因素 2、因素 3 合并	616. 24	27	462. 46 ***	0. 221	0. 85	0. 77	0. 80

注：***、**、*分别表示1%、5%、10%的显著性水平。

2. 其他变量定义

问卷回答者在填写问卷答案的同时，还被要求填写上市公司股票代码。根据股票代码，我们将国泰安数据库中的样本公司客观的财务数据及治理结构数据与主观的独立董事功能数据进行了匹配，从而检验公司特征与独立董事功能之间的关系。这些公司特征包括公司规模（size）、资产负债率（debt）、资产收益率（roa）、两职合一（dual）、第一大股东持股比例（no1）、实际控制人是否国有（state）。除公司特征外，我们还分析了上市公司所在地区市场化程度（index）对独立董事功能的影响。此外，在回归分析时对行业虚拟变量进行了控制。上述变量的具体说明见表 3 - 10，在分析中，对存在异常值的连续变量进行了上下 1% 的 Winsorize 处理。

表 3 - 10　　　　　　　　　　其他变量说明

变量	简写代码	变量定义
公司规模	size	公司总资产的自然对数
资产负债率	debt	公司负债占总资产的比例
资产收益率	roa	公司净利润占总资产的比例

续表

变量	简写代码	变量定义
两职合一	dual	若董事长兼任总经理，dual 等于 1，否则为 0
第一大股东持股比例	no1	公司第一大股东的持股比例
上市公司是否国有	state	上市公司实际控制人性质为国有，state 等于 1，否则为 0
市场化程度	index	根据樊纲等（2011）编写的《中国市场化指数——各地区市场化相对进程 2011 年报告》整理
12 个行业虚拟变量	ind	若属于该行业则赋值为 1，否则为 0

资料来源：笔者设计整理。

二 计量结果与分析

在本节中，我们首先对各变量进行了描述性统计；其次计算了各变量之间的相关性系数及其显著性；最后通过广义最小二乘（GLS）回归分析的方法，我们对上市公司特征与独立董事功能之间的关系进行了检验。

（一）变量的描述性统计

各变量的描述性统计结果见表 3 – 11。在表 3 – 11 中，我们报告了各变量的均值、标准差、最小值与最大值。

表 3 – 11　　　　　　　　变量的描述性统计结果

变量	均值	标准差	最小值	最大值
monitor	3.6678	0.8730	1	5
legitimacy	3.6568	0.7210	1	5
uncertainty	3.9273	0.6901	1	5
size	22.2533	1.6047	18.4747	29.4665
debt	0.4627	0.2213	0.0693	0.9383
roa	0.0429	0.0670	− 0.2525	0.8631
dual	0.2640	0.4413	0	1
no1	0.3778	0.1592	0.0362	0.8504
state	0.4318	0.4959	0	1
index	9.1216	1.8619	4.9800	11.8000

观察表3-11可以发现，在我们的样本中，独立董事功能的三个变量均值都在3—4，总体上表明，被调查者认为，独立董事在样本公司中发挥了一定功能，包括监督功能、获取合法性功能与应对环境不确定性功能，且最后一种功能更明显。此外，分析这三个变量的标准差和最大值可以发现，被调查者认为，独立董事在不同样本公司中发挥的功能存在较大差异，表现为有的被调查者非常不同意独立董事在上市公司中发挥了功能，而有的被调查者则非常同意。其他变量方面，样本公司的规模、资产负债率、资产收益率等财务变量都处在正常的波动范围内，说明这些变量不存在异常值。26.4%的样本公司中，董事长和总经理由一人兼任。样本公司的第一大股东持股比例均值为37.8%，表明样本公司可能面临较为严重的"一股独大"问题。从该变量的最大值来看，一些样本公司的第一大股东持股比例高达85%。实际控制人是否国有这一变量的均值为43.2%，表明样本公司中有接近一半属于国有控股。市场化程度的均值为9.1，且样本公司所在地区市场化程度差异较大，最低的为5.0，最高的则为11.8。

（二）相关性分析

我们进一步分析了各变量之间的相关性，具体结果见表3-12。

表3-12　　　　　　　　变量的相关性分析结果

变量	monitor	legitimacy	uncertainty	size	debt
monitor	1				
legitimacy	0.4961 ***	1			
uncertainty	0.5144 ***	0.6157 ***	1		
size	0.0056	0.0265	−0.0241	1	
debt	0.0108	0.0304	0.0013	0.5469 ***	1
roa	0.0149	−0.0197	−0.0120	−0.0824 *	−0.2674 ***
dual	0.0565	0.0196	0.0135	−0.2250 ***	−0.2057 ***

续表

变量	monitor	legitimacy	uncertainty	size	debt
no1	− 0.0710	− 0.0341	− 0.0183	0.1125 **	− 0.0150
state	− 0.0719	0.0035	− 0.0342	0.4104 ***	0.3778 ***
index	0.0133	0.0673	0.0894 *	− 0.0099	− 0.0965 **
变量	roa	dual	no1	state	index
roa	1				
dual	0.0948 **	1			
no1	0.0680	− 0.0373	1		
state	− 0.2042 ***	− 0.3479 ***	0.1522 ***	1	
index	0.1087 **	0.1494 ***	0.0268	− 0.1955 ***	1

注：***、**、*分别表示1%、5%、10%的显著性水平。

（三）回归分析

在进行了描述性统计以及分析了各变量之间的相关性之后，我们在本部分将独立董事功能的三个维度分别对公司特征等变量进行回归分析，从而深入探究样本公司特征如何影响独立董事功能。考虑到通过问卷调查获得的横截面数据容易存在异方差问题，我们在回归分析时采用 GLS 回归分析方法以解决该问题（伍德里奇，2010）。具体的 GLS 回归分析结果见表 3 – 13。

表 3 – 13　　　　　　　　GLS 回归分析结果

变量	模型 9 monitor	模型 10 legitimacy	模型 11 uncertainty
size	0.0009 [0.0082]	− 0.0172 *** [0.0033]	− 0.0225 *** [0.0030]
debt	0.1159 *** [0.0387]	0.0489 [0.0548]	0.0856 *** [0.0190]
roa	0.1904 [0.1539]	− 0.2858 * [0.1600]	− 0.2808 *** [0.0472]
dual	0.2066 *** [0.0342]	0.0476 *** [0.0161]	0.0135 * [0.0073]

续表

变量	模型 9 monitor	模型 10 legitimacy	模型 11 uncertainty
no1	-0.3102 *** [0.0517]	-0.1536 *** [0.0464]	-0.0737 *** [0.0259]
state	-0.1421 *** [0.0220]	-0.0182 * [0.0106]	-0.0430 *** [0.0089]
index	-0.0047 [0.0052]	0.0196 *** [0.0038]	0.0326 *** [0.0017]
ind	控制	控制	控制
cons	3.6630 *** [0.1876]	4.2456 *** [0.0570]	4.1024 *** [0.0992]
R^2	0.8857	0.9645	0.9852
F	174.22 ***	610.36 ***	1493.21 ***
样本数	447	447	447

注：***、**、*分别表示1%、5%、10%的显著性水平，括号内为标准误。

在表3-13中，我们列示了三个模型的 GLS 回归分析结果。其中，模型9、模型10和模型11的因变量分别为独立董事的监督功能、获取合法性功能和应对环境不确定性功能。分析表3-13可以发现，规模较大的样本公司的被调查者认为，独立董事发挥的获取合法性功能以及应对环境不确定性功能较低。究其原因，可能是因为规模较大的公司本身在制度环境中具有较大的合法性，且它们具备了应对环境不确定性的能力，因此，无须再依赖独立董事来提供这些功能。处在负债率较大的样本公司中的被调查者认为，独立董事具有较高的监督功能及应对环境不确定性的功能。这可能是因为，负债率较大的公司在获得间接融资后如何利用需要独立董事的监督，也需要独立董事提供信息与资源以提高资金的使用效率。如果被调查者所在公司盈利能力较强，他们会认为，独立董事获取合法性的功能及应对环境不确定性的功能较低。因此，盈利能力较强的公司本身具备了较高的合法性，且形成了一定的应对不确定性的能力。分析两职合一及大股东持股比例这两个变量的系数可以发现，两职合一的领导权结构并未限制独立董事功能的发挥，而大股东的存在却是独立董事发挥作用的障碍。实际控制人是否国有这一变量的系数在三个模型中都在统计上显著为负，表明独立董事的功能在非国有企业中比在国有企业中更高。与相关性分析结果一致，市场化程度变量的系数在模型 11 中在 1% 的显著性水平下显著为正。同时，该变量的系数在模型 10 中也在 1% 的显著性水平下显著为正。究其原因，是因为市场化程度较高地区的样本公司会面临更激烈的市场竞争，因此，需要独立董事为其提供合法性以及应对环境不确定性的能力。总体上看，表 3 - 13 的回归分析结果证明了我们对独立董事功能进行区分的合理性。

此外，对于表 3 - 13 中的三个回归模型，其整体 F 检验都在 1% 的显著性水平下显著拒绝了原假设，且 R^2 都在 88% 以上，表明各模型的整体拟合状况较好。

（四）稳健性检验

在样本公司中，存在 16 家金融行业的上市公司。考虑到金融行业的特殊性，在稳健性检验中，我们将这 16 家样本公司剔除后重新进行了分析，问卷的信度和效度以及计量分析结果基本未发生变化。

小结

本节利用独特的问卷调查数据，分析了独立董事的功能以及这些功能受哪些公司特征等变量的影响，研究结论证明了本书将独立董事功能进行划分的合理性。

通过采用验证性因子分析技术检验变量测量之间的区分效度，本节研究发现，将独立董事功能划分为监督功能、获取合法性功能以及应对环境不确定性功能的三因素模型拟合程度最高，且卡方检验表明三因素模型与其他替代模型之间存在显著差异。这一结果表明，本书基于超额设立独立董事动因而对独立董事功能的客观划分与样本公司被调查者对独立董事功能的主观划分是一致的，即目前中国上市公司的独立董事具有三种功能：监督功能、获取合法性功能及应对环境不确定性功能。

本节在检验了测量独立董事功能的问卷的信度和效度之后，进一步分析了上市公司特征等变量对独立董事不同功能的影响。采用GLS回归分析方法，研究发现，公司规模、资本结构、盈利能力、领导权结构、股权结构、所有权性质以及所处地区市场化程度都会影响上市公司独立董事功能的发挥。对这些变量如何影响独立董事功能内在机理的分析，也从另一个方面证明了我们对独立董事功能进行区分的合理性。

在我们所划分的三种功能中，通过第二章中对已有关于独立董事研究的总结，可以发现，已有相关研究主要聚焦于独立董事的监督功能。为了更加全面地分析中国上市公司独立董事制度的有效性，我们需要对另外两种功能，即获取合法性和应对环境不确定性的功能进行检验。已有研究表明，不同背景的独立董事可能在上市公司中承担着不同职能（刘浩等，2012；全怡等，2014；刘春等，2015）。因此，为了检验独立董事的多种功能，我们分析了不同背景独立董事在上市公司中所发挥的不同作用。

关于独立董事的监督功能与获取合法性功能，在本书的选题背景中，我们指出，实务界认为上市公司引入来自高校的独立董事的目的在于充分利用他们的影响力。另外，《指导意见》规定，上市公司必须至少引入一名会计专业的独立董事。结合这两方面的实践背景，我们尝试从对比来自实务界和来自非实务界的专业背景独立董事的功能出发，在此过程中，实证检验来自非实务界专业背景独立董事提供合法性的功能，同时检验来自实务界专业背景独立董事的监督功能。考虑到控股股东掏空问题在新兴市场中的普遍存在（La Porta et al.，1999），我们以控股股东掏空问题为情境进行上述检验。

关于独立董事应对环境不确定性的功能，结合2013年《指导意见》的出台，我们在第五章中对官员背景独立董事能否发挥应对环境不确定性的功能进行了实证检验。对官员背景独立董事功能的检验，不仅有利于理解独立董事发挥作用的机理，同时也有利于检验相关政策出台的必要性与有效性。

第四章 独立董事监督功能与获取
合法性功能研究*

本章在上一章研究的基础上继续检验独立董事制度的有效性。在本章中，我们集中考察具有专业背景的独立董事能否起到监督控股股东对上市公司进行掏空行为的作用，从而检验这些独立董事是发挥了监督功能，还是合法性功能。通过基于新制度理论进行演绎与逻辑推理，本章指出，那些具有与监督相关能力的独立董事才能发挥一定的监督功能，而其他类型独立董事的引入则是为了满足外部利益相关者的期望，承担获取合法性的功能。利用来自2004—2014年A股上市公司的数据，本章实证检验了所提出的研究假设，证明了专业背景独立董事参与公司治理的有效性。

第一节 理论分析与研究假设

如前所述，上市公司引入独立董事的初衷在于监督控股股东的掏空行为。那么，独立董事是否真如证监会设计独立董事制度的目的那样发挥了监督作用呢？为了对这个问题进行回答，本书在第三章研究基础上，继续引入组织社会学的新制度理论，对不同专业背景独立董事发挥不同功能的机理进行逻辑推导。

---

* 本章主要观点发表于《经济管理》2016年第11期。

一 获取合法性功能与监督功能：分离抑或同时存在？

如第二章文献述评中所述，最初关于组织与外部环境之间关系的研究主要聚焦于外部的技术环境（或称任务环境）。其中，汤普森（1967）的研究有效地回答了组织如何有效应对技术环境的不确定性这一问题。随后，一些学者开始关注外部环境中除技术环境以外的其他要素。例如，迈耶和罗恩（1977）最早开始关注环境中制度化的信仰体系、规则与角色。已有分析组织如何应对技术环境不确定性的研究回答了组织之间为什么会存在差异性这一问题，而迈耶和罗恩则从分析为什么不同的组织会有相似的内部结构和制度规范入手，将研究视角转移到了技术环境之外的制度环境。他们指出，技术环境要求组织要有效率，而制度环境则要求组织服从合法性机制。基于合法性机制，组织的规范结构会受到制度环境的影响。具体到独立董事制度方面，制度环境中相关部门的要求使上市公司都引入了具有专业背景的独立董事，以发挥一定的监督作用。然而，迈耶和罗恩（1977）还指出，组织并非完全被动地受制度环境的强制约束，它们也具备一定的能动性。组织能动性的表现之一便是分离，即在表面上，组织的正式结构服从制度环境的要求，但是，在具体实践中，组织却基于效率原则，从事能够带来效率的行为。因此，不同的组织之间往往表现出"形同质异"。

在迈耶和罗恩（1977）所关注的现象中，制度环境作用于组织的合法性机制与技术环境作用于组织的效率机制是相互冲突的。然而，也有学者在分析其他组织现象时，得出了不同的结论。例如，托尔伯特和朱克（1983）在分析城市是否采纳公务员制度的影响因素时，指出两种机制作用的发挥在时序上存在差异。具体来说，早期采纳公务员制度的城市主要是基于效率机制做出的选择，而随着时间的推移，合法性机制开始发挥主导作用。此外，还有一些关于组织 M 形结构扩散的研究也得出了相似的结论（Fligstein, 1985；Palmer et al., 1993）。另有学者认为，合法性机制和效率机制可以同时发挥作用。例如，迪马吉奥和鲍威尔（DiMaggio and Powell,

1983）认为，对竞争者的模仿可以为组织带来社会认可（合法性机制），而其所模仿的组织管理实践也可以为组织带来效率（效率机制）。

分析以上这些研究可以发现，效率机制和合法性机制究竟是否存在冲突，取决于所关注的组织现象。那么具体到上市公司专业背景独立董事的引入上，两者是否相互冲突呢？如前所述，这些独立董事的引入是为了满足《指导意见》的强制要求（即《指导意见》要求"至少应包括1名会计专业人士"担任独立董事），或者是为了满足外部利益相关者对其监督作用的期望，因此合法性机制无疑发挥着重要作用。至于独立董事能否带来一定的效率，我们认为，这取决于专业背景独立董事的监督能力，而这种能力又体现在其工作经历上。具体来说，对于那些具有实际工作经验的专业背景独立董事而言，他们在使上市公司满足合法性的同时，也充分发挥了监督功能，即基于合法性机制引入的该类独立董事内生出了一定的效率。然而，对于那些并无实际工作经验的专业背景独立董事而言，他们既通过使上市公司满足了《指导意见》的规定而带来了强制合法性，也通过提高上市公司的影响力而带来了规范合法性，但是，他们的监督功能却有限。已有研究也为独立董事获取合法性的功能提供了实证证据，如罗进辉（2014）分析独立董事的名人效应时所发现的，聘请这类独立董事的上市公司高层管理者薪酬—业绩敏感性更低。这一结果说明上市公司引入这类独立董事主要是为了利用他们的影响力，而非监督功能。不同工作经历的专业背景独立董事功能的差异归纳如表4-1所示。

表4-1　　　不同工作经历的专业背景独立董事功能差异

专业背景独立董事经历	实务界		非实务界	
独立董事的功能	获取合法性	监督	获取合法性	监督
是否具有（√表示有）	√	√	√	

资料来源：笔者绘制。

观察表4-1可以发现,具有实际工作经验的专业背景独立董事同时具有获取合法性功能和监督功能,而两种功能在不具有实际工作经验的专业背景独立董事身上是分离的。表4-1也为我们接下来的实证检验提供了一定策略,即可以通过比较两种不同类型工作经历的专业背景独立董事监督功能的差异证明我们的推断。在本书中,考虑到控股股东通过掏空行为损害中小股东利益的情况在中国上市公司中的严重性(唐清泉等,2005;叶康涛等,2007),我们选择在控股股东掏空的情境下比较这两种类型的专业背景独立董事的监督功能。已有研究认为,控股股东的掏空行为会带来不良的经济后果,学者从不同角度对此进行了考察。例如,伯克曼(Berkman,2009)发现,为控股股东提供贷款担保的上市公司通常会有显著较低的资产收益率和托宾Q。Jiang等(2010)则将下一年度的资产收益率对隧道效应变量进行回归,发现掏空行为可以显著降低公司未来的资产收益率。还有一些研究通过计算累计超额收益率考察控股股东掏空行为公告后的市场反应,如Cheung等(2006)、Cheung等(2009)及彭维刚等(2011)。另外,隧道效应还会增加公司未来被ST的可能性(Jiang et al., 2010)、影响公司的股利分配(Berkman et al., 2009)以及借款行为(Berkman et al., 2009;Lin et al., 2011)等。控股股东的掏空行为还容易激发与管理层之间的矛盾冲突,梁上坤和陈冬华(2015)发现,掏空程度越大,管理层人员越容易发生变更。正是由于控股股东掏空行为的不利影响,相关部门才考虑引入独立董事制度进行监督。因此,在控股股东掏空情境下检验两种类型专业背景独立董事的监督功能十分贴切。

二 研究假设

在第二章总结的关于独立董事监督的研究中,大部分学者的结论都是建立在独立董事能够在违规行为发生前或发生过程中识别并进行监督的假设基础上的。在本书中,我们指出,具有专业背景的独立董事对控股股东掏空行为的监督不仅体现在掏空行为发生过程前或发生过程中，他们在这种违规行为发生之后仍然可以联合外部审计机构发挥监督作用（Tang et al.，2013；吴溪等，2015）。因此，我们从事前与事中监督、事后监督两个方面比较具有不同工作经历的专业背景独立董事的监督功能。

（一）对控股股东掏空的事前与事中监督

首先，针对控股股东掏空行为的具体手段，具有实际工作经历的专业背景独立董事比不具有实际工作经历的更容易识别。已有研究识别出了一些控股股东进行掏空行为的手段，例如，约翰逊等（2000）认为，掏空行为可以有多种表现形式，比如可以进行彻底的偷窃或欺诈。控股股东还可以采取一些似乎合法的方式，诸如区别对待中小股东的股票增发以及在子公司之间进行兼并以转移并购方或目标公司的资产等。Cheung等（2006，2009）认为，控股股东通过关联交易对上市公司进行掏空行为，并指出掏空行为主要有资产收购、资产销售、资产置换、商品和服务贸易、现金支付五种形式。伯克曼等（2009）聚焦于控股股东要求上市公司为其提供贷款担保进而对上市公司进行隧道挖掘这一具体表现形式，分析了这种行为的影响因素及经济后果。对于中国的上市公司而言，控股股东的掏空行为有其特殊的表现形式。Gao和Kling（2008）指出，控股股东通过转移价格及无形资产的关联交易等不公允的转移进行掏空的现象，在中国更加普遍。此外，还有国内研究将大股东的隧道挖掘形式细分为资产占用、关联采购、关联销售、关联担保、资产买卖及现金股利发放等（唐清泉等，2005）。分析这些掏空手段可以发现，具有实际工作经历的专业背景独立董事在日常工作中接触这些业务的可能性较高，也因此更加了解这些业务的运作过程。对这些手段的了解使来自实务界的独立董事能够在它们发生前或发生时有效甄别控股股东是否在利用这些手段进行掏空，从而降低掏空行为发生的可能性。相反，那些不具有实际工作经历的，比如来自高校的专业背景独立董事虽然在教学和学术研究中也对这些业务有一定了解，但相比之下，参与实际工作较少，因此，在识别控股股东掏空行为的手段上有所欠缺。已有研究也表明，对公司业务实质的理解有利于提升其监督职能。例如，Wang 等（2015）采用标准普尔500作为上市公司样本，检验了独立董事的行业专长是否影响董事会监督有效性。实证研究发现，这类独立董事在审计委员会中的存在有利于降低公司盈余管理，在薪酬委员会中的存在能够降低CEO超额薪酬，在整个董事会中的比例能够提高公司CEO更替—业绩敏感性，并能提高多元化并购的并购绩效。张斌和王跃堂（2014）发现，行业专家型独立董事由于对公司业务实质有深入理解，能够在复杂的经营环境中释放更多的特质信息，从而削弱了业务复杂程度与股价同步性之间的正相关关系。

具有实际工作经历的专业背景独立董事除在识别控股股东的掏空手段上具有一定优势外，他们在参与上市公司日常决策的时间精力方面也比其他独立董事更充裕，尤其是那些来自高校的专业背景独立董事。具体来看，高校专业背景独立董事经常在多家上市公司兼职，这种较大数量的兼职虽然有利于独立董事本人声誉的提高，但限制了他们参与公司决策的时间精力（沈烈，2012）。此外，上市公司为了利用高校专业背景独立董事的影响力，引入的这类独立董事多数在高校担任行政职务，这更使他们少有闲暇。相反，对于实务界的专业背景独立董事而言，他们的日常工作便是为不同类型的上市公司提供审计、咨询等服务。如果他们任职独立董事的上市公司恰为他们所在单位的客户（吴溪等，2015），便更能保证他们有时间了解、参与上市公司决策。

综合以上两方面的论述，我们提出如下假设：

假设4.1：相比于不具有实际工作经历的专业背景独立董事而言，具有实际工作经历的专业背景独立董事事前与事中监督功能更强，更能减少上市公司控股股东的掏空行为。

（二）对控股股东掏空行为的事后监督

以上我们分析了在掏空行为发生前或发生时独立董事的监督功能。在本部分，我们重点论证专业背景独立董事在控股股东进行掏空行为之后所发挥的作用。

已有关于控股股东掏空行为治理机制的研究通过实证检验何种治理机制在对掏空行为的治理上更加有效，取得了丰富的研究成果。这些研究有的聚焦于上市公司内部治理机制，如机构投资者（Jiang et al.，2010；唐清泉等，2005）、非控股股东（Berkman et al.，2009）等。另外一些研究则聚焦于外部治理机制，比如，Jiang等（2010）对外部审计能否发挥相应的治理作用进行了考察，发现外部审计师能够有效地识别上市公司的掏空行为，表现为掏空行为越严重，越有可能被外部审计师出具非标准审计意见。此外，岳衡（2006）也得出了类似的结论。这些研究对外部审计治理作用的检验事实上考察的是外部审计的事后监督功能，因为外部审计师要在下一会计年度出具审计意见。沿着这一思路，我们通过检验专业背景独立董事是否能够提高外部审计机构为存在掏空行为的上市公司出具非标准审计意见的可能性来分析这类独立董事的事后监督功能。

根据《上市公司独立董事履职指引》对独立董事特别职权的规定，独立董事可以在必要时，独立聘请外部审计机构及咨询机构等对公司的具体事项进行审计和咨询。当具有专业背景的独立董事发现上市公司存在控股股东掏空行为现象后，可能会联合外部审计机构对这种行为进行治理。而与不具有实际工作经历的专业背景独立董事相比，来自实务界的独立董事更有可能行使这种特别职权。究其原因，一是如在假设4.1论证过程中所指出的，来自实务界的专业背景独立董事相对有更充裕的时间精力。二是来自实务界的专业背景独立董事，尤其是会计背景独立董事本身多在会计师事务所等审计机构任职（吴溪等，2015），他们聘请这些机构的交易成本更低，因此，比其他专业背景独立董事更容易进行聘请。一些研究也为独立董事与外部审计机构之间的联动关系提供了实证证据，如Tang等（2013）发现，如果独立董事发表了非同意意见，外部审计机构出具非标准审计意见的可能性增加。

基于以上论述，我们提出如下假设：

假设 4.2：与不具有实际工作经历的专业背景独立董事相比，具有实际工作经历的专业背景独立董事事后监督功能更强，更能提高外部审计机构对控股股东掏空行为出具非标准审计意见的可能性。

第二节 研究设计

在本部分中，我们介绍了本章实证研究过程中的样本选择与数据来源、模型构建与变量定义等。

一 样本选择与数据来源

在本章中，为了对我们提出的假设进行检验，我们选择 2004—2014 年 A 股上市公司作为初始样本。之所以选择 2004 年作为样本期间的起始年份，是由于在刻画独立董事是否具有专业背景以及是否具有实际工作经历时，需要通过手工查找独立董事的个人资料进行判断。而关于独立董事的个人资料，国泰安数据库中的"高层管理者动态"从 2004 年才开始比较全面地披露这方面的信息。在剔除被 ST 的上市公司、数据不全的上市公司以及属于金融行业的上市公司之后，最终得到的样本包含 19057 个 firm‐year。

本部分中，上市公司的财务数据和公司治理数据均来源于国泰安 CSMAR 数据库，数据库中缺失的数据通过收集年报进行补充，年报下载自和讯网。市场化指数数据来源于樊纲等（2011）编写的《中国市场化指数——各地区市场化相对进程 2011 年报告》。在研究过程中，我们处理与分析数据所使用的软件为 Excel 2010 和 Stata13.0。

二 模型构建与变量定义

为了对假设 4.1 中关于专业背景独立董事对控股股东掏空的事前及事中监督功能进行检验，我们构建了如下回归模型：

$$tunnel = \alpha + \beta_1 \cdot professional + \beta_2 \cdot size + \beta_3 \cdot debt + \beta_4 \cdot roa +$$

$$\beta_5 \cdot age + \beta_6 \cdot no1 + \beta_7 \cdot state + \beta_{10} \cdot \sum_{i=1}^{11} ind + \beta_{11} \cdot \sum_{i=1}^{10} year + \varepsilon$$

$$(4.1)$$

在模型（4.1）中，因变量 tunnel 用来表示控股股东的掏空行为，根据 Jiang 等（2010）的研究，我们采用其他应收款占总资产的比例对此进行衡量。该模型的自变量 professional 用于刻画专业背景独立董事及其工作经历类型。具体来说，本书检验了会计背景与法律背景两种专业背景独立董事的监督功能与合法性功能。根据《指导意见》的规定，绝大部分样本公司都引入了会计背景独立董事，因此，我们检验会计背景独立董事的功能时仅设计了一个虚拟变量 business accounting。该变量是一个虚拟变量，如果会计背景独立董事具有实际工作经历，该变量等于1，否则为0。我们仅设计了一个虚拟变量以区分会计背景独立董事工作经历的差异，因为当该变量为0时代表上市公司中的会计背景独立董事并非来源于实务界。在对该变量进行赋值时，对于那些既有实务界背景也有其他（比如高校）背景的独立董事，我们暂赋值为0。在稳健性检验中，我们将该变量在这些上市公司中替换为1，结果基本未发生变化。此外，当一家上市公司中有两个或两个以上的会计背景独立董事时，则只要有一人来自实务界该变量便赋值为1。而对于法律背景独立董事，由于该类独立董事并不像会计背景独立董事那样要求强制引入，因此，我们先设计了一个虚拟变量 law 以测量上市公司是否引入了法律背景独立董事。如果上市公司董事会中存在法律背景的独立董事，该变量等于1，否则为0。此外，我们还设计了另外两个虚拟变量 business law 和 nonbusiness law，分别用于测量法律背景的独立董事有实际工作经历还是没有实际工作经历。

该模型中各控制变量的选择参考了已有关于控股股东掏空行为影响因素的研究。学者从不同角度研究了控股股东掏空行为的影响因素，例如，在公司规模方面，Jiang 等（2010）发现，小规模的公司掏空行为更加明显。聚焦于上市公司为控股股东提供贷款担保这种掏空行为的具体形式，伯克曼等（2009）也得出了类似的结论，即公司规模与控股股东掏空行为呈负相关。所有权特征方面，Jiang等（2010）和Cheung等（2006）的实证结果表明，第一大股东持股比例与掏空行为呈负相关；而李增泉等（2004）则发现，第一大股东比例与控股股东占用资金之间为先上升后下降的倒"U"形关系。Cheung等（2009）发现，国有股东进行掏空上市公司的可能性更大，李增泉等（2004）也得出了类似的结论，而Jiang等（2010）的结果则与之相反。更进一步地，Jiang等（2010）发现，与地方政府控股的上市公司相比，掏空行为在中央政府控股的上市公司更加轻微。伯克曼等（2009）发现，比较控股股东为国有法人、私人和外国投资者的公司，控股股东为国有非法人的公司更不容易存在关联担保。此外，还有的研究发现，国家控制并未对控股股东掏空产生影响（高雷等，2006）。其他的所有权特征对掏空行为的影响还有：最终控制人可以追溯到中国内地在香港上市公司的关联交易更加明显（Cheung et al. , 2006）。公司绩效方面，Jiang等（2010）发现，上一财年的公司绩效越低，则下一年掏空行为会更加明显。然而，Cheung等（2006）则得出了相反的结论。此外，在盈利能力较强及发展前景较好的公司中，掏空行为发生的概率比较低，因为来自掏空行为的收益会被降低的公司未来现金流所抵消（Berkman et al. , 2009）。借鉴这些研究，在模型（4.1）中，我们控制了公司规模（size）、资产负债率（debt）、资产收益率（roa）、公司年龄（age）、第一大股东持股比例（no1）及上市公司实际控制人是否国有（state）以及11个行业虚拟变量（ind_{1-11}）、10个年度虚拟变量（$year_{1-10}$）。

为了对假设4.2中关于专业背景独立董事对控股股东掏空的事后监督功能进行检验，我们构建了如下两个回归模型：

$$\ln\left[\frac{P(opinion = 1)}{1 - P(opinion = 1)}\right] = \alpha + \beta_1 \cdot tunnel + \beta_2 \cdot size +$$

$$\beta_3 \cdot debt + \beta_4 \cdot roa + \beta_5 \cdot yszka + \beta_6 \cdot cha + \beta_7 \cdot auditor + \beta_8 \cdot age +$$

$$\beta_9 \cdot state + \beta_{10} \cdot \sum_{i=1}^{11} ind + \beta_{11} \cdot \sum_{i=1}^{10} year + \varepsilon \qquad (4.2)$$

$$\ln\left(\frac{P(opinion = 1)}{1 - P(opinion = 1)}\right) = \alpha + \beta_1 \cdot tunnel + \beta_2 \cdot professional +$$

$$\beta_3 \cdot professional \times tunnel + \beta_4 \cdot size + \beta_5 \cdot debt + \beta_6 \cdot roa + \beta_7 \cdot yszka +$$

$$\beta_8 \cdot cha + \beta_9 \cdot auditor + \beta_{10} \cdot age + \beta_{11} \cdot state + \beta_{12} \cdot \sum_{i=1}^{11} ind +$$

$$\beta_{13} \cdot \sum_{i=1}^{10} year + \varepsilon \qquad (4.3)$$

模型（4.2）用以检验外部审计机构对控股股东掏空行为治理的有效性。其中，因变量 opinion 用以表示上市公司是否被出具了标准无保留审计意见。该变量为虚拟变量，如果上市公司被出具了标准无保留审计意见，该变量赋值为 1，否则为 0。考虑到该模型的因变量为 0—1 变量，因此，我们采用 Logit 回归分析方法对此模型进行估计。该模型中的自变量为控股股东掏空行为 tunnel，该变量的定义同模型（4.1）中相一致。

关于模型（4.2）中的控制变量，我们参考已有关于审计意见的研究进行了选择。学者从多个角度分析了影响外部审计机构出具审计意见类型的因素。例如，弗朗西斯和克里沙南（Francis and Krishanan，1999）分析了美国上市公司会计应计与审计机构保守报告之间的关系，发现审计机构整体上是保守的，因为它们倾向于对应计较高的公司出具修正的审计报告。Chen 等（2001）用来自中国股票市场的数据，检验了由于利润管制导致的盈余管理对修正的审计意见的影响，发现如果公司利润接近规定的阈值水平，更容易被出具修正的审计意见。凯里和西姆内特（Carey and Simnett，2006）以澳大利亚上市公司为样本，分析了审计机构任期对审计质量的影响，发现审计机构任期越长，其独立性越低，因此，越不容易出具关注（going - concern）意见。Chen 等（2010）分析了中国情境下客户重要性与审计质量之间的关系，发现在制度完善之前，客户重要性使审计机构更不容易出具修正审计意见，而随着制度环境的完善，审计机构不再关注客户重要性的经济利益。申慧慧等（2010）分析了环境不确定性所带来的风险是否会影响审计师的审计意见类型，发现环境不确定性越大，上市公司越容易被出具非标准审计意见，且在国有企业中这种影响较小。杨德明和胡婷（2010）分析了内部控制质量对审计意见的影响，发现当内部控制质量较高时，审计师对盈余管理发表非标准审计意见的概率下降，而审计费用的提高会弱化上述关系。薄仙慧和吴联生（2011）分析了当期盈余管理和信息风险对审计意见的影响，发现审计机构在出具审计意见时主要考虑的是信息风险，该变量与审计师出具非标准审计意见正相关。陆正飞等（2012）分析了审计机构对企业集团客户的依赖是否会影响其独立性，发现对集团客户依赖程度越大，出具非标准审计意见的可能性越小。吕敏康和刘拯（2015）分析了互联网的发展对审计机构信息环境的影响，发现投资者对上市公司的关注度越高，审计机构越容易对该上市公司出具非标准审计意见，且媒体对上市公司的正面态度可以缓解这种现象。借鉴这些研究，我们选择了如下变量在模型（4.2）中进行控制：公司规模（size）、资产负债率（debt）、资产收益率（roa）、应收账款占总资产的比例（yszka）、存货占总资产的比例（cha）、审计师是否为四大会计师事务所（auditor）、公司年龄（age）、上市公司实际控制人性质是否为国有（state）以及11个行业虚拟变量（ind_{1-11}）、10个年度虚拟变量（$year_{1-10}$）。

模型（4.3）是在模型（4.2）基础上加入了专业背景独立董事变量（professional）与控股股东掏空行为（tunnel）的交叉项，以检验专业背景独立董事是否有利于提高外部审计机构的治理有效性，从而证明这类独立董事的事后监督功能。在该模型中，如果 β_3 系数为负且在统计上显著，则证明了我们的假设4.2。

表4-2对各变量的代码和定义情况进行了进一步明确。在实证分析中，为了消除主要连续变量异常值的影响，我们对它们进行了上下1%的 Winsorize 处理。

表 4 - 2　　　　　　　　　　相关变量说明

变量	简写代码	变量定义
控股股东掏空	tunnel	公司其他应收款占总资产的比例
会计背景独立董事来源	business accounting	若公司中的会计背景独立董事来源于实务界，business accounting 等于 1，否则为 0
是否有法律背景独立董事	law	若公司中存在法律背景独立董事，law 等于 1，否则为 0
法律背景独立董事具备实际工作经历	business law	若公司中存在具备实际工作经历的法律背景独立董事，business law 等于 1，否则为 0
法律背景独立董事不具备实际工作经历	nonbusiness law	若公司中的法律背景独立董事不具备实际工作经历，nonbusiness law 等于 1，否则为 0
公司规模	size	公司总资产的自然对数
资产负债率	debt	公司负债占总资产的比例
资产收益率	roa	公司净利润占总资产的比例
公司年龄	age	样本公司所在年份减去其上市年份
第一大股东持股比例	no1	公司第一大股东的持股比例
上市公司是否国有	state	上市公司实际控制人性质为国有，state 等于 1，否则为 0
11 个行业虚拟变量	ind	若属于该行业则赋值为 1，否则为 0
10 个年度虚拟变量	year	若属于该年度则赋值为 1，否则为 0
审计意见	opinion	上市公司被外部审计师出具了标准无保留审计意见，opinion 等于 1，否则为 0
应收账款占比	yszka	公司应收账款占总资产的比例
存货占比	cha	公司存货占总资产的比例
审计师是否为四大	auditor	若公司审计师为四大会计师事务所，auditor 等于 1，否则为 0

资料来源：笔者设计整理。

第三节　计量结果与分析

在本节中，我们首先对各变量进行描述性统计；其次计算各变量之间的相关性系数及其显著性，以检验模型是否存在多重共线性问题，同时初步判断假设是否成立；最后通过采用 OLS 回归分析和 Logit 回归分析方法，对所提出的研究假设进行了检验。

一　变量的描述性统计

各变量的描述性统计结果见表 4-3。在表 4-3 中，我们报告了各变量的均值、标准差、最小值与最大值。

观察表 4-3 可以发现，在我们的样本中，控股股东的平均掏空程度为 2.4%。与 Jiang 等（2010）的统计结果相比，该变量的均值较低。考虑到他们的样本期间为 1996—2004 年，说明中国上市公司的控股股东掏空程度随时间推移而有所下降。分析该变量的标准差和最值可以发现，不同上市公司被控股股东进行掏空的程度存在较大差异。一些上市公司几乎没有被掏空，而另一些上市公司则被控股股东占款较多，达到了总资产的 26.4%。关于会计背景独立董事的来源，从表中可以看到，有 44.2% 的上市公司引入了来自实务界的会计背景独立董事，我们将进一步检验这些独立董事是否比其他会计背景独立董事监督功能更强。48.2% 的样本公司在董事会中引入了法律背景独立董事。此外，39.4% 的样本公司具有来自实务界的法律背景独立董事，而 8.6% 的样本公司具有不是来自实务界的法律背景独立董事。模型（4.1）的控制变量方面，样本公司的规模、资产负债率、资产收益率等财务变量都处在正常的波动范围内，说明在对连续变量 Winsorize 之后，消除了这些变量极端值的影响。样本公司的第一大股东持股比例均值为 37.1%，说明中国上市公司面临着较为严重的"一股独大"问题。从该变量的最大值来看，一些上市公司的第一大股东持股比例高达 75%。上市公司实际控制人是否国有这一变量的均值为 51.7%，表明样本公司中有一半以上属于国有控股。此外，分析模型（4.2）和模型（4.3）中的几个变量可以发现，绝大部分上市公司（96.5%）都被外部审计机构出具了标准无保留审计意见。在会计师事务所的选择上，有 6.4% 的样本公司选择了四大会计师事务所作为外部审计机构。

表 4 - 3 变量的描述性统计结果

变量	均值	标准差	最小值	最大值
tunnel	0.0242	0.0411	0.0002	0.2644
business accounting	0.4415	0.4966	0	1
law	0.4824	0.4997	0	1
business law	0.3942	0.4887	0	1
nonbusiness law	0.0862	0.2807	0	1
size	21.7240	1.2012	19.4777	25.4999
debt	0.4559	0.2102	0.0461	0.9069
roa	0.0370	0.0560	-0.2137	0.1885
age	8.3119	5.7020	0	24
no1	0.3707	0.1550	0.0909	0.7500
state	0.5172	0.4997	0	1
opinion	0.9652	0.1834	0	1
yszka	0.1053	0.0959	0.0001	0.4384
cha	0.1669	0.1516	0	0.7513
auditor	0.0640	0.2448	0	1

二 相关性分析

在上一部分中分析了各变量的描述性统计结果之后，我们在本部分进一步分析各变量之间的相关性，模型（4.1）中各变量的相关性分析结果见表 4 - 4，模型（4.2）中各变量的相关性分析结果见表 4 - 5。

表 4 - 4　　　　　模型（4.1）各变量的相关性分析结果

变量	tunnel	business accounting	law	business law	Nonbusiness law	
tunnel	1					
business accounting	− 0. 0092	1				
law	− 0. 0416 ***	0. 0376 ***	1			
business law	− 0. 0227 ***	0. 0690 ***	0. 8141 ***	1		
nonbusiness law	− 0. 0228 ***	− 0. 0450 ***	0. 3065 ***	− 0. 2478 ***	1	
size	− 0. 1414 ***	− 0. 1072 ***	0. 0250 ***	0. 0029	0. 0247 ***	
debt	0. 2028 ***	− 0. 0661 ***	0. 0042	− 0. 0015	0. 0049	
roa	− 0. 2986 ***	− 0. 0067	0. 0240 ***	0. 0114	0. 0240 ***	
age	0. 0922 ***	− 0. 0590 ***	0. 0406 ***	0. 0474 ***	− 0. 0160 **	
no1	− 0. 0894 ***	− 0. 0295 ***	− 0. 0463 ***	− 0. 0440 ***	− 0. 0090	
state	0. 0183 **	− 0. 1055 ***	0. 0049	0. 0084	− 0. 0040	
变量	size	debt	roa	age	no1	state
size	1					
debt	0. 4144 ***	1				
roa	0. 0709 ***	− 0. 4114 ***	1			
age	0. 2810 ***	0. 3733 ***	− 0. 1700 ***	1		
no1	0. 2414 ***	0. 0313 ***	0. 1114 ***	− 0. 1141 ***	1	
state	0. 3059 ***	0. 2758 ***	− 0. 0915 ***	0. 3231 ***	0. 2265 ***	1

注：***、**、* 分别表示1%、5%、10%的显著性水平。

　　从表 4 - 4 中我们可以看到，因变量控股股东掏空行为与自变量会计背景独立董事是否来自实务界之间的相关系数为负，表明来自实务界的会计背景独立董事能够在一定程度上降低控股股东的掏空行为。该系数的符号符合假设 4.1 的预期，然而，该系数在统计上不显著，仍需要通过回归分析做进一步的检验。是否有法律背景独立董事这一变量与因变量之间的相关系数在 1% 的显著性水平下显著为负，表明法律背景独立董事能够降低控股股东的掏空行为。此外，法律背景独立董事具备实际工作经历与法律背景独立董事不具

表 4 – 5　　　　　　　　模型（4.2）各变量的相关性分析结果

变量	opinion	tunnel	size	debt	roa
opinion	1				
tunnel	– 0. 2614 ***	1			
size	0. 0999 ***	– 0. 1414 ***	1		
debt	– 0. 1473 ***	0. 2028 ***	0. 4144 ***	1	
roa	0. 3259 ***	– 0. 2986 ***	0. 0709 ***	– 0. 4114 ***	1
yszka	– 0. 0699 ***	0. 2341 ***	– 0. 2279 ***	– 0. 0012	– 0. 0732 ***
cha	0. 0373 ***	0. 0272 ***	0. 1100 ***	0. 3160 ***	– 0. 0711 ***
auditor	0. 0181 **	– 0. 0570 ***	0. 3696 ***	0. 0643 ***	0. 0645 ***
age	– 0. 0726 ***	0. 0922 ***	0. 2810 ***	0. 3733 ***	– 0. 1700 ***
state	0. 0180 **	0. 0183 **	0. 3059 ***	0. 2758 ***	– 0. 0915 ***

变量	yszka	cha	auditor	age	state
yszka	1				
cha	– 0. 0889 ***	1			
auditor	– 0. 0732 ***	– 0. 0335 ***	1		
age	– 0. 2138 ***	0. 1666 ***	0. 0469 ***	1	
state	– 0. 1511 ***	0. 0025	0. 1394 ***	0. 3231 ***	1

注：***、**、* 分别表示 1%、5%、10% 的显著性水平。

备实际工作经历这两个虚拟变量与因变量之间的相关系数都在 1%的显著性水平下显著为负，初步表明法律背景独立董事的监督功能并不因其工作经历的不同而存在差异。公司规模与因变量之间的相关系数为负，且在 1% 的显著性水平下显著。这一结果表明，相比规模大的上市公司，规模小的更容易被控股股东掏空。资产负债率与因变量之间的相关系数符号为正，且在 1% 的显著性水平下显著，表明那些负债率较高的上市公司更容易成为控股股东掏空的对象。资产收益率与因变量之间的相关系数符号为负，且在 1% 的显著性水平下显著，说明当上市公司盈利能力较差时，反而更容易被控股股东掏空。公司年龄与因变量之间的相关系数为正，且在 1% 的显著性水平下显著，表明那些存续时间长的上市公司的控股股东更容易进行掏空。第一大股东持股比例与因变量之间的相关系数为负，且在1%的显著性水平下显著，表明控股股东持股比例越大，越不倾向于对上市公司进行掏空。实际控制人是否国有这一变量与因变量之间的相关系数为正，且在5%的显著性水平下显著，表明控股股东掏空行为在国有控股的上市公司中更普遍。

此外，通过分析表4-4中模型（4.1）各变量之间的相关性，我们可以发现，自变量与各控制变量之间的相关系数大多数都低于0.3。尽管资产负债率与一些变量之间的相关系数大于0.4，但我们计算了各变量的方差膨胀因子（VIF），发现都小于2，表明回归模型不存在严重的多重共线性问题。有鉴于此，我们在下一部分采用OLS回归分析方法对模型（4.1）进行回归，从而对假设4.1进行检验。

观察表4-5可以发现，模型（4.2）的自变量控股股东掏空与因变量是否被出具标准无保留审计意见之间的相关系数符号为负，且在1%的显著性水平下显著。这一结果与Jiang等（2010）的结论相一致，即外部审计机构对控股股东的掏空行为具有一定的治理效应。控制变量方面，公司规模与因变量之间的相关系数符号为正，且在1%的显著性水平下显著，表明外部审计机构倾向于对规模小的上市公司出具非标准审计意见。资产负债率与因变量之间的相关系数在1%的显著性水平下显著为负，说明资产负债率小的公司更有可能被出具标准无保留审计意见，因为这类公司的财务状况更加稳健。资产收益率与因变量之间的相关系数在1%的显著性水平下显著为正，说明具有较强盈利能力的上市公司更可能被出具标准无保留审计意见。应收账款占比和存货占比与因变量之间相关系数的符号和显著性表明了公司风险与审计意见类型之间的关系。其中，应收账款占比与因变量之间的相关系数在1%的显著性水平下显著为负，而存货占比与因变量之间的相关系数在1%的显著性水平下显著为正，表明公司风险越大，越容易被出具非标准审计意见。审计师是否为四大这一变量与因变量之间的相关系数为正，且在5%的显著性水平下显著，表明四大会计师事务所更倾向于出具标准无保留审计

意见。公司年龄与因变量之间的相关系数在 1% 的显著性水平下显著
为负，表明外部审计机构更容易对那些存续时间较长的上市公司出具
非标准审计意见。最后，实际控制人是否国有这一变量与因变量之间
的相关系数为正，且在 5% 的显著性水平下显著，表明国有控股上市
公司比非国有控股上市公司更有可能被出具标准无保留审计意见。

　　此外，通过分析表 4 - 5 中模型 (4.2) 各变量之间的相关性，
我们可以发现，自变量与各控制变量之间的相关系数大多数都低于
0.3。尽管资产负债率与一些变量之间的相关系数大于 0.4，但我们
计算了各变量的方差膨胀因子 (VIF)，发现都小于 3，表明回归模
型不存在严重的多重共线性问题。有鉴于此，我们在下一部分采用
Logit 回归分析方法对模型 (4.2) 和模型 (4.3) 进行回归，从而
对假设 4.2 进行检验。

　　三　回归分析

　　在对各变量进行了描述性统计以及分析了各变量之间的相关性
之后，我们在本部分继续进行回归分析，以对之前提出的研究假设
进行检验。我们首先采用 OLS 回归分析方法对模型 (4.1) 进行了
回归，具体回归分析结果见表 4 - 6。

表 4 - 6　　　　　　　　模型 (4.1) 的 OLS 回归分析结果

tunnel	模型 1	模型 2	模型 3	模型 4
size	- 0.0046 ***	- 0.0047 ***	- 0.0046 ***	- 0.0046 ***
	[0.0003]	[0.0003]	[0.0003]	[0.0003]
debt	0.0214 ***	0.0213 ***	0.0214 ***	0.0215 ***
	[0.0017]	[0.0017]	[0.0017]	[0.0017]
roa	- 0.1410 ***	- 0.1413 ***	- 0.1406 ***	- 0.1405 ***
	[0.0055]	[0.0055]	[0.0055]	[0.0055]
age	0.0007 ***	0.0007 ***	0.0007 ***	0.0007 ***
	[0.0001]	[0.0001]	[0.0001]	[0.0001]

续表

tunnel	模型 1	模型 2	模型 3	模型 4
no1	− 0.0117 ***	− 0.0117 ***	− 0.0001 ***	− 0.0001 ***
	[0.0018]	[0.0018]	[0.0000]	[0.0000]
state	− 0.0064 ***	− 0.0065 ***	− 0.0064 ***	− 0.0064 ***
	[0.0006]	[0.0006]	[0.0006]	[0.0006]
ind	控制	控制	控制	控制
year	控制	控制	控制	控制
business accounting		− 0.0013 **		
		[0.0005]		
law			− 0.0013 **	
			[0.0005]	
business law				− 0.0011 **
				[0.0006]
nonbusiness law				− 0.0026 ***
				[0.0010]
cons	0.1288 ***	0.1303 ***	0.1298 ***	0.1295 ***
	[0.0061]	[0.0061]	[0.0061]	[0.0061]
R^2	0.2345	0.2348	0.2348	0.2349
F	215.95 ***	208.51 ***	208.52 ***	201.45 ***
样本数	19057	19057	19057	19057

注: ***、**、*分别表示1%、5%、10%的显著性水平，括号内为标准误。

在表4-6中，我们列示了四个模型的 OLS 回归分析结果。其中，模型 1 为仅将各控制变量放入模型进行回归分析的结果。观察模型 1 可以发现，与伯克曼等（2009）、Jiang 等（2010）的结果一致，公司规模越大，上市公司被控股股东进行掏空的程度越低，具体在表中表现为公司规模这一变量的回归系数在 1% 的显著性水平下显著为负。与岳衡（2006）、郑国坚等（2014）的结论一致，资产负债率的回归系数为正，且在 1% 的显著性水平下显著为正。该结果表明，控股股东更倾向于掏空那些负债率高的上市公司，它们在侵犯中小股东利益的同时，也侵犯了债权人的利益。资产收益率这一变量的回归系数在 1% 的显著性水平下显著为负，表明控股股东主要选择盈利能力较差的上市公司进行掏空。这一结果也与已有研究保持一致，如 Jiang 等（2010）、郑国坚等（2014）。公司年龄的回归系数为正，且在 1% 的显著性水平下显著，说明上市公司的存续时间越长，越有可能成为被掏空的对象。第一大股东持股比例的回归系数在 1% 的显著性水平下显著为负，可能是因为当控股股东持股比例较大时，它们与上市公司之间的关系变为利益协同，对其进行掏空的程度降低（Cheung et al.，2006）。与相关性分析结果不一致的是，实际控制人的回归系数变为负向，且在 1% 的显著性水平下显著，说明非国有控股上市公司比国有控股上市公司面临的掏空程度更严重。模型 2 在模型 1 的基础上加入了我们关心的变量会计背景独立董事是否来自实务界。观察模型 2 可以发现，在加入该变量后，其他控制变量的系数及显著性未发生改变。该变量的系数在 5% 的显著性水平下显著为负，表明这种类型的独立董事确实能够减少控股股东的掏空行为，假设 4.1 得以验证。模型 3 是在模型 1 的基础上加入了是否引入法律背景独立董事这一虚拟变量。观察模型 3 可以发现，变量 law 的系数在 5% 的显著性水平下显著为负，表明法律背景独立董事具有监督功能。在显著性 4 中，我们在显著性 1 基础上引入了 business law 和 nonbusiness law 这两个虚拟变量。观察显著性 4 中这两个变量的系数可以发现，它们分别在 5% 和 1% 的显著性水平下显著。这一结果表明，法律背景独立董事的监督功能并未因其工作经历的不同而存在差异。究其原因，可能是因为法律背景的独立董事是上市公司主动基于效率机制引入的，而非像会计背景独立董事那样基于强制合法性机制被引入。

另外，对于表 4-6 中的四个回归模型，其模型整体的 F 检验都在 1% 的显著性水平下显著拒绝了原假设，R^2 皆大于 23%，表明各模型的整体拟合状况较好。

对于模型（4.2）和模型（4.3），考虑到它们的因变量审计意见类型为虚拟变量，我们采用了 Logit 回归分析方法对这两个模型进行回归，具体回归分析结果见表4－7。

表4－7　模型（4.2）和模型（4.3）的 Logit 回归分析结果

opinion	模型 5	模型 6	模型 7	模型 8
size	0. 4639 ***	0. 4393 ***	0. 4361 ***	0. 4352 ***
	[0. 0511]	[0. 0513]	[0. 0513]	[0. 0514]
debt	－2. 9035 ***	－2. 7187 ***	－2. 7229 ***	－2. 6767 ***
	[0. 2740]	[0. 2738]	[0. 2734]	[0. 2748]
roa	13. 0068 ***	12. 2622 ***	12. 3310 ***	12. 3398 ***
	[0. 6195]	[0. 6316]	[0. 6325]	[0. 6333]
yszka	－0. 4852	0. 6163	0. 6035	0. 5691
	[0. 4593]	[0. 5085]	[0. 5086]	[0. 5085]
cha	2. 8995 ***	2. 6033 ***	2. 6192 ***	2. 5929 ***
	[0. 3954]	[0. 3959]	[0. 3958]	[0. 3962]
auditor	－0. 5162 **	－0. 6050 ***	－0. 6193 ***	－0. 5975 ***
	[0. 2263]	[0. 2271]	[0. 2281]	[0. 2274]
age	－0. 0717 ***	－0. 0644 ***	－0. 0651 ***	－0. 0653 ***
	[0. 0105]	[0. 0106]	[0. 0106]	[0. 0106]
state	0. 4477 ***	0. 4028 ***	0. 3771 ***	0. 4161 ***
	[0. 0985]	[0. 0994]	[0. 1000]	[0. 0997]
ind	控制	控制	控制	控制
year	控制	控制	控制	控制
tunnel		－5. 1099 ***	－3. 9375 ***	－4. 4998 ***
		[0. 7923]	[0. 9775]	[0. 9669]
business accounting			－0. 2172 **	
			[0. 1061]	

续表

opinion	模型 5	模型 6	模型 7	模型 8
business accounting × tunnel			− 1. 7843 ** [0. 8366]	
law				− 0. 0434 [0. 1150]
law × tunnel				− 1. 4711 [1. 2715]
cons	− 5. 4193 *** [1. 1165]	− 4. 8844 *** [1. 1214]	− 4. 7142 *** [1. 1245]	− 4. 7729 *** [1. 1262]
Pseudo R^2	0. 2945	0. 3014	0. 3045	0. 3019
LR χ^2	1697. 20 ***	1736. 95 ***	1754. 50 ***	1739. 97 ***
样本数	19057	19057	19057	19057

注：*** 、** 、* 分别表示1% 、5% 、10% 的显著性水平，括号内为标准误。

在表 4 - 7 中，我们分别列示了三个模型的 Logit 回归分析结果。具体来说，模型 5 是仅将因变量对控制变量进行回归分析的模型。观察模型 5 能够看到，大部分控制变量的回归系数与相关性分析结果相同。其中，公司规模的回归系数在 1% 的显著性水平下显著为正，表明外部审计机构倾向于为大规模上市公司出具标准无保留审计意见，这一结果与申慧慧等（2010）、吕敏康和刘拯（2015）的结论相符。与大多数文献的结论一致，资产负债率变量的回归系数在 1% 的显著性水平下显著为负，表明上市公司资产负债率越大，越不容易被出具标准无保留审计意见。究其原因，可能是因为资产负债率大的上市公司财务更不稳健（岳衡，2006）。资产收益率的回归系数在 1% 的显著性水平下显著为正，说明当上市公司盈利能力较强时，更容易被出具标准无保留审计意见。这一结论也与已有文献保持了一致。公司风险变量方面，应收账款占比的系数虽与相关性分析保持一致，但在统计上并不显著。存货占比的系数在 1% 的显著性水平下显著为正，表明外部审计机构更倾向于对风险小的上市公司出具标准无保留审计意见。这两个变量的系数与吕敏康和刘拯（2015）的结论相符。与陆正飞等（2012）的结论一致，公司年龄的回归系数在1%的显著性水平下显著为负，表明上市公司存续时间越长，外部审计机构就越有可能识别出其存在的问题而不为其出具标准无保留审计意见。实际控制人是否国有这一变量的回归系数在1%的显著性水平下显著为正，表明外部审计机构更倾向于为国有控股上市公司出具标准无保留审计意见（申慧慧等，2010）。与相关性分析不一致的是，审计师是否为四大这一变量的回归系数变为负向，且在5%的显著性水平下显著。这可能是因为，四大会计师事务所的要求更为严格，因此，它们有更多的可能为上市公司出具非标准审计意见。

模型6在模型5的基础上加入了模型（4.2）中要考察的自变量控股股东掏空。对比模型5和模型6可以发现，在加入该变量后各控制变量的系数及其显著性未发生显著变化。而控股股东掏空变量的回归系数为负，且在1%的显著性水平下显著。这一结果与已有研究一致，表明外部审计机构在治理控股股东掏空行为方面具有一定的有效性，即当掏空行为严重时，它们更可能出具非标准审计意见（Jiang et al.，2010；岳衡，2006）。在证明了外部审计机构治理有效性的前提下，我们进一步在模型7中加入了会计背景独立董事是否来自实务界这一变量与控股股东掏空变量之间的交叉项，以检验实务界会计背景独立董事是否通过与外部审计机构联合提高了外部审计机构治理的有效性，从而证明该类型独立董事的事后监督功能。观察模型7可以发现，交叉项的回归系数在5%的显著性水平下显著为负，表明当实务界会计背景独立董事存在时，外部审计机构更有可能为控股股东的掏空行为出具非标准审计意见，证明了该类型独立董事确实对控股股东掏空行为具有事后监督功能，假设4.2得以验证。模型8是在模型6的基础上加入了是否具有法律背景独立董事与控股股东掏空变量之间的交叉项。观察模型8可以发现，交叉项的系数尽管为负，但在统计上并不显著，说明这种类型的独立董事并无事后监督功能。在未报告的结果中，我们也未发现法律背景独立董事在按是否有实际工作经历区分后在事后监督上存在差异。

分析表 4 - 7 中的四个 Logit 回归模型可以发现，其模型整体的卡方检验都在 1% 的显著性水平下显著拒绝了原假设，Pseudo R^2 皆大于 29%，表明各模型的整体拟合状况较好。

第四节 进一步检验

在上一节中，我们通过一系列的实证分析证明了专业背景独立董事的监督功能与获取合法性的功能，并对其发挥监督功能的时序进行了检验。在本节中，我们对专业背景独立董事的监督功能做进一步讨论，主要分为两个方面：一是检验专业背景独立董事的治理效应与外部制度环境的治理效应之间是替代关系还是互补关系；二是对上述结论做稳健性检验。

一 制度环境与内部治理：互补抑或替代？

在已有关于控股股东掏空的研究中，也有一些学者研究了外部制度环境对控股股东掏空行为的治理作用。例如，Guan（2013）考察了制度环境对投资者的保护程度能否有效抑制隧道效应，他们发现，在投资者保护程度较高的地方，控股股东为了对上市公司进行隧道挖掘而与管理者进行合谋的可能性得以降低。罗党论和唐清泉（2007）发现，上市公司所处地区的政府干预程度越低、金融市场越发达，越不容易发生控股股东掏空。由此可见，制度环境的完善在治理控股股东掏空行为方面也是有效的。那么，这一外部治理机制与专业背景独立董事的治理效应之间究竟是何种关系呢？沈维涛和叶小杰（2012）指出，独立董事的监督作用和市场化程度之间存在某种程度的替代性。两者之间关系在治理控股股东掏空问题上是否也是如此呢？在本部分，我们通过按市场化程度高低将样本划分为两个子样本，再对比专业背景独立董事的监督功能在两个子样本之间的差异来对此问题做出了回答。

首先，我们检验了专业背景独立董事的事前与事中监督功能是否因市场化程度的不同而不同，回归分析结果见表4-8。

表4-8　　　　　　　不同市场化程度下专业背景独立董事事前
与事中监督功能的差异

tunnel	模型 9 市场化程度高	模型 10 市场化程度低	模型 11 市场化程度高	模型 12 市场化程度低
size	-0.0037*** [0.0003]	-0.0054*** [0.0005]	-0.0037*** [0.0003]	-0.0053*** [0.0005]
debt	0.0205*** [0.0020]	0.0224*** [0.0029]	0.0205*** [0.0020]	0.0225*** [0.0029]
roa	-0.0920*** [0.0066]	-0.1757*** [0.0087]	-0.0916*** [0.0066]	-0.1753*** [0.0087]
age	0.0006*** [0.0001]	0.0008*** [0.0001]	0.0006*** [0.0001]	0.0008*** [0.0001]
no1	-0.0073*** [0.0021]	-0.0164*** [0.0031]	-0.0001*** [0.0000]	-0.0002*** [0.0000]
state	-0.0027*** [0.0008]	-0.0105*** [0.0010]	-0.0026*** [0.0008]	-0.0104*** [0.0010]
ind	控制	控制	控制	控制
year	控制	控制	控制	控制
business accounting	0.0000 [0.0006]	-0.0021** [0.0009]		
law			-0.0014** [0.0006]	-0.0010 [0.0009]
cons	0.1063*** [0.0070]	0.1509*** [0.0108]	0.1076*** [0.0069]	0.1498*** [0.0108]
R^2	0.1995	0.2640	0.1999	0.2636
F	91.74***	111.35***	91.97***	111.13***
样本数	10335	8722	10335	8722

注：***、**、*分别表示1%、5%、10%的显著性水平，括号内为标准误。

　　我们以样本公司所处地区市场化程度的均值为标准，将总体样本划分为两个子样本。在表4-8中，模型9和模型11是对处在市场化程度较高地区的子样本按模型（4.1）进行回归分析的结果，而模型10和模型12为对处在市场化程度较低地区的子样本按该模型进行回归分析的结果。观察该表可以发现，会计背景独立董事是否来自实务界这一变量的回归系数在模型9中几乎为0，且在统计上不显著。然而，在模型10中，该变量的回归系数为负，且在5%的显著性水平下显著。进一步地，Chow检验的结果表明，该变量的系数在两个回归模型之间存在显著差异（F = 19.53，p < 0.01）。这一结果表明，当市场化程度较低时，实务界会计背景独立董事的事前与事中监督功能更明显。换句话说，制度环境的外部治理机制与该种类型独立董事的事前与事中监督机制之间是替代关系。对比模型11和模型12发现，法律背景独立董事虚拟变量的回归系数在模型11中在5%的显著性水平下显著为负。而在模型12中，该变量的回归系数尽管符号为负，但在统计上不显著。进一步的Chow检验表明，法律背景独立董事变量的系数在两个回归模型之间存在显著差异（F = 18.84，p < 0.01）。该结果说明，法律背景独立董事的事前与事中监督功能在市场化程度较高时更明显，即两种治理机制之间存在互补关系。之所以出现与会计背景独立董事不同的结论，可能是因为上市公司引入该类独立董事主要是基于效率机制，而这种效率机制在市场化程度更高的地方更明显。

　　随后，我们采用同样的方法，对实务界会计背景独立董事的事后监督功能是否因市场化程度的不同而存在差异进行了检验，回归分析的结果见表4-9。根据表4-7的结果，法律背景独立董事并不具有事后监督的功能，因此我们此处未对其进行分组检验。

　　与表4-8中一致，我们将样本公司划分为市场化程度较高和市场化程度较低两个子样本。在表4-9中，模型13对处在市场化程度较高地区的子样本按模型（4.3）进行回归分析的结果，而模型14为对处在市场化程度较低地区的子样本按该模型进行回归分析的

表4-9　　　　　　不同市场化程度下实务界会计背景独立
董事事后监督功能的差异

opinion	模型 13	模型 14
	市场化程度高	市场化程度低
size	0.5619 ***	0.3448 ***
	[0.0807]	[0.0682]
debt	-3.2056 ***	-2.2875 ***
	[0.4433]	[0.3626]
roa	11.3047 ***	13.3902 ***
	[1.0611]	[0.8272]
yszka	-0.1259	1.1159
	[0.7458]	[0.7316]
cha	1.6840 ***	3.6278 ***
	[0.5782]	[0.5757]
auditor	-0.9918 ***	-0.2300
	[0.2853]	[0.4018]
age	-0.0852 ***	-0.0347 **
	[0.0146]	[0.0164]
state	0.7437 ***	0.1983
	[0.1616]	[0.1335]
ind	控制	控制
year	控制	控制
tunnel	-3.4904 **	-4.2176 ***
	[1.7346]	[1.2381]
business	-0.4525 ***	-0.0131
	[0.1627]	[0.1439]

续表

opinion	模型 13	模型 14
	市场化程度高	市场化程度低
business * tunnel	− 1.1186	− 2.4314 **
	[1.4848]	[1.0725]
cons	− 6.8353 ***	− 2.7941 *
	[1.7419]	[1.5800]
Pseudo R^2	0.2889	0.3273
LR χ^2	712.51 ***	1058.87 ***
样本数	10227	8722

注：***、**、* 分别表示 1%、5%、10% 的显著性水平，括号内为标准误。

结果。观察表 4 - 9 可以发现，会计背景独立董事是否来自实务界这一变量与控股股东掏空之间交叉项的回归系数在模型 13 中虽然符号为负，但在统计上不显著。然而，在模型 14 中，交叉项的回归系数符号为负，且在 5% 的显著性水平下显著。尽管通过 Chow 检验并未发现交叉项的系数在两个模型中存在显著差异，但对比两个模型的结果可以发现，当市场化程度较低时，实务界会计背景独立董事的事后监督功能更明显。换言之，制度环境的外部治理机制与该种类型独立董事的事后监督机制之间是替代关系。

二　稳健性检验

我们还尝试对结论进行稳健性检验。具体来说，如变量定义部分所述，在对会计背景独立董事是否来自实务界这一变量进行赋值时，对于那些既有实务界背景也有非实务背景的独立董事，我们暂赋值为 0。在本部分，我们在将这部分独立董事重新赋值为 1 后重新进行了回归分析，结论依旧保持不变。

小结

在本节中，我们对本章的研究结论进行了总结。通过基于新制度理论进行演绎推演，并对一个包含 2004—2014 年 A 股上市公司的样本开展一系列实证分析，我们主要得出了如下研究结论，这些结论有力地证明了专业背景独立董事的功能。

本章指出，上市公司为了满足《指导意见》中关于会计背景独立董事的规定，引入了具有此类背景的独立董事。但是，当这类独立董事的来源不同时，他们所发挥的功能也存在差异。具体来说，如果会计背景独立董事不具有实际工作经历，如来源于高校，那么他们只能为上市公司带来一定的合法性，包括强制合法性和规范合法性，但并不具备监督功能。然而，如果会计背景独立董事来源于实务界，他们在为上市公司带来合法性的同时，也会内生出一定的效率，即发挥监督功能。

在本章中，我们选择了控股股东掏空这一问题作为检验专业背景独立董事监督功能的情境。首先，我们通过分析实务界专业背景独立董事在对控股股东掏空问题的事前与事中监督方面相比来自非实务界的专业背景独立董事有何优势，提出前者更能有效降低控股股东掏空程度的研究假设。在后续的实证分析中，该研究假设得以部分验证，证明了实务界会计背景独立董事对控股股东掏空行为具有更强的事前与事中监督功能。对于法律背景独立董事而言，由于该类独立董事的引入主要是基于效率机制而非合法性机制，其事前与事中监督功能并不因工作经历的不同而存在差异。

在分析了专业背景独立董事的事前与事中监督功能之后，我们进一步分析了该类独立董事的事后监督功能。外部审计机构会由于控股股东掏空而为上市公司出具非标准审计意见，在治理掏空问题上具有一定的有效性。本章从外部审计机构的治理有效性出发，通过分析实务界专业背景独立董事能否进一步提升外部审计机构的治理有效性，提出了该类独立董事具有更强的事后监督功能的研究假设。通过 Logit 回归分析，该研究假设得以部分验证，即实务界会计背景独立董事比来自非实务界的有更强的事后监督功能。而对于法律背景独立董事而言，无论其有无实际工作经历，都不具备这种监督功能。

在验证了所提出的研究假设之后,本章进一步分析了专业背景独立董事的监督功能是否因市场化程度的不同而存在差异。研究发现,当市场化程度较低时,实务界会计背景独立董事会表现出更强的监督功能,无论是事前与事中监督,还是事后监督。这说明,制度环境的外部治理机制与实务界会计背景独立董事治理之间是替代关系。然而,法律背景独立董事的事前与事中监督功能却与之相反,即在市场化程度较高时更强,两者之间为互补关系。

第五章　独立董事应对环境
不确定性功能研究

本章对独立董事应对环境不确定性的功能进行理论分析与实证检验。基于资源依赖理论，上市公司引入官员背景独立董事可以降低对政府的依赖，因此，这类董事具有应对环境不确定性的功能。为了验证官员背景独立董事的这一功能，本章从两方面入手进行实证检验。首先，自 2013 年 10 月 19 日《意见》出台后，具有官员背景的独立董事纷纷提出辞职，出现了一轮"官员独董离职潮"。本书以此为契机，利用一个官员背景独立董事辞职的小样本，采用事件研究法，通过分析官员背景独立董事辞职给上市公司带来的影响，从一个侧面证明这种类型独立董事的功能。其次，为了克服小样本研究结论普遍性不足的局限，本书还利用 2003—2014 年的 A 股上市公司大样本，实证分析了官员背景独立董事在为上市公司获取政府补贴方面发挥的作用。

第一节　基于《意见》出台后独立董事
辞职的事件研究 *

在第二章对独立董事作用的相关文献进行梳理时，我们发现，已有研究就独立董事的作用尚未形成统一的结论。哈里斯和拉维夫

---

　*　本节主要观点发表于《华东经济管理》2015 年第 10 期。

（Harris and Raviv，2008）及顾亮等（2014）认为，究其原因，可能是忽视了其中可能存在的内生性。但是，如果引入事件研究法分析独立董事的作用，便可以避免内生性的干扰。考虑到这一点，在本部分，我们在检验独立董事的作用时采用了事件研究法，具体分析独特事件中独立董事带来的影响。在独特事件的选择上，中组部为了贯彻落实中央关于从严管理干部的要求，加强干部队伍建设和反腐倡廉建设，于2013年10月19日印发了《关于进一步规范党政领导干部在企业兼职（任职）问题的意见》（以下简称《意见》），明确规定了党政领导干部在企业的兼职（任职）问题。在《意见》出台后的一段时间内，上市公司董事会中具有官员背景的独立董事纷纷提出了辞职，形成了"官员独董离职潮"。本部分通过收集《意见》出台至2014年4月19日（《意见》出台半年之内），A股上市公司披露的公告中明确提到因为该《意见》规定而引起的官员背景独立董事辞职事件并开展事件研究，检验了官员背景独立董事应对环境不确定性的功能。

一 理论分析与研究假设

通过第二章中对独立董事的相关文献进行系统梳理可以看到，学者基于不同视角对独立董事的功能进行了检验，然而却得出了不一致的结论。这些研究采用了多种不同的研究方法，其中，通过选取独特事件开展事件研究法既能够规避传统回归分析中可能存在的内生性问题，在对比不同样本之间同一事件的不同影响过程中还可以揭示独立董事发挥功能的内在机理。有鉴于此，在本部分，我们采用事件研究法检验独立董事应对环境不确定性的功能。已有研究利用独立董事突然死亡这一独特事件开展事件研究（Nguyen and Nielsen，2010；顾亮等，2014），与之类似，《意见》出台之后出现的"官员独董离职潮"为这一方法的实现提供了契机。基于已有研究，本部分通过分析官员背景独立董事辞职对公司价值的影响并分样本进行对比，检验了这类独立董事应对环境不确定性的功能。

（一）官员背景独立董事辞职对公司价值的影响

本部分目的在于检验官员背景独立董事辞职如何影响股票市场价值，也即辞职事件对股票价格变化的影响。假设股票市场是完全的，那么若官员背景独立董事的引入对公司有不利影响，他们一旦离开上市公司，便会带来正的市场反应。然而，如果官员背景独立董事的引入对上市公司是有利的，那么他们的离开便会带来负的累积超额回报。

学者尚未就官员背景独立董事影响公司运营形成一致的结论。例如，余峰燕和郝项超（2011）分析了官员背景独立董事的监督功能，发现独立董事的官员背景阻碍了他们监督功能的发挥。具体来说，他们以国有控股上市公司为样本，通过分析样本公司是否存在官员背景独立董事影响其财务信息质量，发现该类独立董事的存在并不能有效地抑制上市公司的盈余管理行为，从而提高财务信息质量。究其原因，他们认为，是由于该类独立董事的独立性并不能得到保证。沿着这一逻辑，官员背景独立董事的辞职能够使董事会的独立性得以提升，从而不致使监督功能弱化，最终体现为公司价值的提升。

根据本书第三章的实证结果，独立董事除具有监督功能之外，还具有应对环境不确定性的功能。资源依赖理论认为，组织为了有效地应对外部环境不确定性会尝试采用多种策略，其中，管理层外引便是一种行之有效的策略（Thompson，1967）。具体来说，如果某一组织依赖于另一组织，会尝试引入后者的成员进入管理层。对于中国的上市公司而言，它们在资源获取等方面对政府有较大的依赖。在这种情况下，如果引入一位或多位具有官员背景的独立董事，便能够降低对政府的依赖，从而促进上市公司的发展。一些研究也为官员背景独立董事的这种功能提供了实证证据，例如，顾亮等（2014）发现，官员背景独立董事的死亡所带来的市场反应为负。基于以上论述，本书提出如下假设：

假设 5.1：官员背景独立董事辞职对公司价值有负向影响。

（二）官员背景独立董事对上市公司的作用机理

官员背景独立董事作用于上市公司的具体路径是什么呢？基于资源依赖理论，官员背景独立董事的引入能够帮助上市公司降低对政府的依赖。根据第二章中对已有关于环境不确定性研究的回顾，我们发现，大部分学者将环境不确定性划分为复杂性、动态性和丰富性三个维度。在这三个维度中，丰富性用来衡量外部环境对组织的资源支持程度，而复杂性和动态性用来衡量环境中信息的差异性及变动程度。有鉴于此，本书分别从资源和信息两个方面论述官员背景独立董事影响上市公司运营的内在机理。

1. 提供资源

当外部环境的丰富性程度较低时，官员背景独立董事的引入可以帮助上市公司获取其发展所需的资源。官员背景独立董事为上市公司引入资源的渠道可以分为直接和间接两个方面。一是已有关于上市公司融资约束的实证研究发现，政治关联的存在能够缓解企业的融资约束，因为它是一种企业获取资源的重要渠道（罗党论和甄丽明，2008）。无疑，官员背景独立董事也是政治关联的一种表现形式。二是官员背景独立董事的引入还可以通过间接渠道将资源带入公司。具体来说，官员背景独立董事的存在向外部环境释放了有利信号，这样，公司外部环境中的利益相关者便认为，这些企业有了政府的担保，因此更愿意为它们提供资源（于蔚等，2012）。一些研究也为这一渠道的存在提供了实证证据，如有学者发现，银行更可能向存在政治关联的企业提供贷款，因为政治关联的存在降低了贷款不能如期收回的风险（余明桂和潘洪波，2008）。

基于以上论述，本书基于资源约束程度的大小将样本进行了划分，并分析在不同的子样本中官员背景独立董事的辞职对股票回报的影响是否不同。我们提出如下假设：

假设 5.2：官员背景独立董事辞职对公司价值的负向影响在上市公司面临的资源约束程度较大时更大。

2. 提供信息

在第三章的实证研究中，本书发现，上市公司在面临外部环境的复杂性和动态性时，会主动设立更多的独立董事。由此可见，独立董事的专业知识及管理经验对上市公司处理复杂及动态变化的信息至关重要。尤其在转型经济背景下，制度与各项政策的变动较为频繁，因此，企业为应对这种复杂性和动态性需要采取一定的策略，引入官员背景独立董事便是其中之一。在引入官员背景独立董事后，上市公司能够及时获得相关行业的政策信息，从而有利于及时采取应对策略。

基于以上论述，本书按照辞职的官员背景独立董事是否任职于同上市公司行业相关的政府部门对样本进行了划分，并分析官员背景独立董事的辞职对股票回报的影响在不同子样本中是否不同。我们提出如下假设：

假设5.3：官员背景独立董事辞职对公司价值的负向影响在该董事任职于同上市公司行业相关的政府部门时更大。

（三）社会情境的影响——"官员独董离职潮"不同波段的对比分析

在《意见》出台之后的一段时间内，并不是所有官员背景独立董事随即提出了辞职，而是一部分此类独立董事先提出辞职，随后才成为一种趋势。可以看到，"官员独董离职潮"具有波段特征。这种波段特征也存在于其他社会现象中，例如，Wiersema 和 Zhang（2013）研究设计中所考察的股票期权回溯现象便具有这种特征。她们证明了在股票期权回溯波段的后一阶段，涉及股票期权回溯的高层管理者更不易被替换，验证了社会情境的影响。布里斯科等（Briscoe et al. , 2014）分析的员工社会运动也具有这种波段特征。他们在考察这一运动波段的不同阶段，CEO 的意识形态分别如何影响员工社会运动时，发现其影响在员工社会运动波段的前一阶段更显著。基于以上论述，本书提出如下假设：

假设5.4：官员背景独立董事辞职对公司价值的负向影响在

"官员独董离职潮"的前一阶段更大。

二　研究设计

(一) 样本选择与数据来源

本部分选取的初始样本为在《意见》出台之后半年内存在官员背景独立董事因为《意见》出台而辞职的事件的 A 股上市公司。在剔除金融行业的上市公司以及在事件窗口期内存在交易数据缺失的公司之后，得到最终样本公司41家。在表5－1中，本书对样本公司进行了具体描述。关于官员背景独立董事辞职的公告收集自 Wind数据库，其他财务数据及股票交易数据来源于国泰安数据库。

表5－1　　　　　　　　　　样本公司描述

Panel A：样本公司资产负债率描述性统计			
变量	均值	标准差	最小值	最大值
资产负债率	0.459	0.221	0.086	0.957
Panel B：辞职官员独立董事的来源			
上市公司来源	所任职部门与公司行业相关		所任职部门与公司行业无关	
上市公司家数	16		25	
Panel C："官员独董离职潮"的波段			
波段	前3个月		后3个月	
上市公司家数	5		36	

资料来源：表中资产负债率数据来源于国泰安数据库；辞职的官员背景独立董事的来源依据国泰安数据库中的高层管理者背景及样本公司所在行业判断；官员背景独立董事辞职的日期来源于上市公司公告，公告收集自 Wind 数据库。

(二) 研究方法

本部分采用事件研究法分析官员背景独立董事辞职如何影响上市公司股票回报，以下为具体研究步骤：

1. 事件定义、估计窗口及事件窗口

我们在本部分重点分析官员背景独立董事辞职这一事件，事件发生日（事件日）具体是指上市公司公告中官员背景独立董事辞职的那一天。参考已有研究（严太华和杨永召，2014），本书将事件日的前110天至前11天总共100天定义为估计窗口，将事件日的前10天至事件日的后10天总共21天定义为事件窗口。

2. 模型假定

本书采用已有研究中假定某一特定股票的回报与股票市场整体的回报之间存在线性关系的市场模型，具体模型如式（5.1）所示：

$$R_{i,t} = \alpha_i + \beta_i R_{m,t} + \varepsilon_{i,t} \quad t = -110, \ -109, \ \cdots, \ -11 \quad (5.1)$$

在式（5.1）中，$R_{i,t}$ 代表第 i 只股票在第 t 日的实际收益率，$R_{m,t}$ 代表第 t 日整体股票市场上的实际收益率。α_i 和 β_i 都是该模型的估计参数，其中前者取决于股票的特质，而后者则可以反映第 i 只股票的回报对整体市场回报的敏感度。$\varepsilon_{i,t}$ 代表该模型的残差。特定股票收益率与整体市场收益率的计算公式分别为：$R_{i,t} = \dfrac{P_{i,t} - P_{i,t-1}}{P_{i,t-1}}$，$R_{m,t} = \dfrac{P_{m,t} - P_{m,t-1}}{P_{m,t-1}}$。在这两个公式中，$P_{i,t}$ 代表 i 只股票在第 t 日的收盘价格，$P_{m,t}$ 代表股票所属的市场在第 t 日的交易指数。

3. 超额回报率计算

为了对 i 这只股票的超额回报率进行计算，本书首先针对公式（5.1）进行了 OLS 回归分析，计算出 α_i 和 β_i 这两个系数的估计值。在计算出估计值后，再根据事件窗口期间每一天的整体市场收益率和系数的估计值计算 i 这只股票的期望收益率 $E[R_{i,t}]$。然后，利用 i 这只股票在事件窗口期内的实际收益率 $R_{i,t}$ 与期望收益率 $E[R_{i,t}]$，根据式（5.2）得到 i 这只股票在事件窗口期内每一日的超额回报率。此外，还可以根据式（5.3）和式（5.4）运算得出整个事件窗口期间内的平均超额回报率与累积超额回报率。

$$AR_{i,t} = R_{i,t} - E[R_{i,t}] \quad (t = -10, \ -9, \ \cdots, \ +10) \quad (5.2)$$

$$AAR_{i,t} = \left(\sum_{i=1}^{N} AR_{i,t} \right) / N \quad (t = -10, \ -9, \ \cdots, \ +10) \quad (5.3)$$

$$CAR_{i,(t_1,t_2)} = \sum_{t=t_1}^{t_2} AR_{i,t} \quad (t_2 > t_1, \ t_1, \ t_2 = -10, \ -9, \ \cdots, \ +10)$$

$$(5.4)$$

4. 显著性检验

在根据以上公式得出事件窗口期间内每一天的平均超额回报率 AAR 及所考察的每个事件窗口的平均累积超额回报率 ACAR 后，还需要进一步检验这两个指标是否在统计上与 0 存在显著差异。参考已有研究（严太华和杨永召，2014），本书采用 t 检验方法检验了它们的显著性。

三　计量结果与分析

（一）官员背景独立董事辞职对公司价值的影响

采用上述研究方法，本书得到了事件窗口期内每一天的平均超额回报率 AAR，同时检验了它们在统计上是否与 0 存在显著差异，具体结果参见表 5 - 2。观察表 5 - 2 可以发现，在官员背景独立董事辞职的事件日、事件日前 1 天以及事件日后 1 天，平均超额回报率都是负值，但它们在统计上与 0 并不存在显著差异。

表 5 - 2　　官员背景独立董事辞职的平均超额回报率

事件窗口	样本 = 41	
	AAR（%）	t 值
- 10	1. 04 ***	2. 126
- 9	- 0. 19	- 0. 507
- 8	- 0. 54	- 1. 054
- 7	- 1. 28 ***	- 3. 073
- 6	- 0. 19	- 0. 522
- 5	0. 13	0. 378
- 4	0. 31	0. 862
- 3	- 0. 01	- 0. 020
- 2	0. 20	0. 561
- 1	- 0. 09	- 0. 190

续表

事件窗口	样本 = 41	
	AAR（%）	t 值
0	− 0.23	− 0.666
+1	− 0.03	− 0.075
+2	0.14	0.335
+3	0.01	0.022
+4	0.34	0.896
+5	0.65 **	1.732
+6	0.02	0.048
+7	− 0.34	− 0.896
+8	0.19	0.573
+9	0.21	0.611
+10	0.14	0.318

注：事件窗口中的0日是指官员背景独立董事辞职的事件日。*、**、***分别表示显著性水平为15%、10%、5%。[1]

此外，本书还选取了（+1，+3）、（+1，+5）、（+1，+10）、（−1，+2）及（−10，+10）等事件窗口，计算得出了这些事件窗口期内的平均累积超额回报率 ACAR，并对其是否显著异于0进行了检验，具体结果见表5 -3。在表5 -3中，尽管在自官员背景独立董事辞职前1天到后2天的事件窗口期内的平均累积超额回报率是负值，但 t 检验的结果表明，其与0的差异在统计上不显著。

表5 -2与表5 -3的结果结合起来表明，假设5.1 并没有通过检验。本书认为，这或许是由于官员背景独立董事辞职所导致的董事会应对不确定性功能的降低和董事会监督能力的提升（余峰燕和郝项超，2011）同时作用，从而最终没有对公司价值产生显著影

---

[1] 考虑到本部分的研究样本容量较小，本书将15%也作为 p 值的一个阈值。

响。为进一步地揭示官员背景独立董事影响上市公司的内在机理，本书进行了如下分组比较分析。

表 5 - 3　　　官员背景独立董事辞职的平均累计超额回报率

事件窗口	N = 41	
	ACAR（%）	t 值
CAR（+1，+3）	0.13	0.200
CAR（+1，+5）	1.12	1.179
CAR（+1，+10）	1.34	1.046
CAR（-1，+2）	-0.20	-0.225
CAR（-10，+10）	0.49	0.255

注：*、**、***分别表示显著性水平为 15%、10%、5%。

（二）不同子样本之间官员背景独立董事辞职对公司价值的影响差异

基于资源依赖理论，上市公司通过引入官员背景独立董事可以为公司带来一定的资源。有鉴于此，当一家上市公司面临的资源约束程度较大时，如果其董事会中的官员背景独立董事辞职，无疑会进一步地加重其所面临的资源约束，从而影响公司的发展。本书将总样本基于资源约束程度的大小划分为两个子样本，并对比分析官员背景独立董事的影响在两个子样本之间的差异。已有研究表明，如果一家企业的资产负债率较高，说明它面临着较低的资源约束程度（谭艳艳等，2013）。据此，本书以资产负债率的均值 0.459（见表 5 - 1）为界，将样本划分为两个子样本。其中，资产负债率较高的子样本面临的资源约束程度较低，而资产负债率较低的子样本则面临的资源约束程度较高。表 5 - 4 报告了两个子样本在选取的事件窗口期内的平均累计超额回报率 ACAR 及其显著性，同时报告了两个子样本之间存在的差异 ΔACAR 及其显著性。观察表 5 - 4 可以发现，如果事件窗口为（-10，+10），资源约束程度高的子样本有负的累计超额回报率，且在15%的显著性水平下与0存在显著差异，而资源约束程度低的子样本则有正的累计超额回报率，且在10%的显著性水平下与0存在显著差异。此外，无论是参数检验（t检验）还是非参数检验（Wilcoxon秩和检验），两个子样本之间都存在显著差异，且显著性水平为5%。该统计结果表明，官员背景独立董事辞职负向影响资源约束程度较高的公司的价值，假设5.2得以验证。

表5-4　　资源约束程度不同的各子样本官员背景独立董事
辞职的平均累计超额回报率及差异

事件窗口	资源约束程度	样本数	ACAR（%）	t 值	ΔACAR（%）	t 值	z 值
CAR（+1，+3）	低	20	-0.23	-0.280	-0.71	-0.527	-0.896
	高	21	0.48	0.454			
CAR（+1，+5）	低	20	2.07	1.491	1.86	0.984	-0.336
	高	21	0.21	0.161			
CAR（+1，+10）	低	20	3.98 ***	2.195	5.15	2.092 ***	-1.381
	高	21	-1.17	-0.702			
CAR（-1，+2）	低	20	0.24	0.239	0.85	0.475	-0.523
	高	21	-0.61	-0.417			
CAR（-10，+10）	低	20	5.29 **	2.037	9.36	2.585 ***	-2.277 ***
	高	21	-4.07 *	-1.612			

注：表中第5列的t值是检验平均累计超额回报率是否显著不等于0的t检验统计量，而第7列t值是检验两个子样本累计超额回报率均值之间差异是否显著不等于0的t检验统计量，第8列z值是检验两个子样本累计超额回报率分布之间差异的Wilcoxon秩和检验统计量。*、**、***分别表示显著性水平为15%、10%、5%。

除能够为上市公司带来一定的资源之外，官员背景独立董事还能够为上市公司及时地提供行业政策等信息，从而使其能有效应对环境不确定性。有鉴于此，如果发生辞职的官员背景独立董事所任职的政府部门和公司所从事的行业有关系，官员背景独立董事提出辞职会使公司丧失获取政策信息的便利渠道，从而对公司价值造成不利影响。本书将样本按照发生辞职的官员背景独立董事所任职政府部门与上市公司所从事的行业是否有相关关系划分为两个子样本，并分析了官员背景独立董事辞职对股票回报率的影响是否在两个子样本之间存在差异。表 5 - 5 报告了两个子样本在选取的事件窗口期内的平均累计超额回报率 ACAR 及其显著性，同时报告了两个子样本之间存在的差异 ΔACAR 及其显著性。观察表 5 - 5 可以发现，在各个事件窗口期内，两个子样本的平均累计超额回报率都在统计上不显著，表明官员背景独立董事并不能有效地为上市公司提供信息，假设 5.3 没有通过验证。

表 5 - 5　　官员背景独立董事来源不同的各子样本官员背景
独立董事辞职的平均累计超额回报率及差异

事件窗口	所任职部门与公司所在行业	样本数	ACAR（%）	t 值	ΔACAR（%）	t 值	z 值
CAR（+1，+3）	无关	25	-0.51	-0.663	-1.65	-1.208	-0.569
	相关	16	1.14	0.938			
CAR（+1，+5）	无关	25	0.02	0.018	-2.82	-1.475 *	-0.776
	相关	16	2.84	1.423			
CAR（+1，+10）	无关	25	0.72	0.647	-1.59	-0.598	-0.103
	相关	16	2.31	0.815			
CAR（-1，+2）	无关	25	-0.73	-0.758	-1.37	-0.756	-0.414
	相关	16	0.64	0.376			
CAR（-10，+10）	无关	25	1.28	0.592	2.02	0.503	-0.982
	相关	16	-0.74	-0.198			

注：同表 5 - 4。

另外，本书还将样本按照官员背景独立董事辞职时间的不同进行了细分，旨在检验社会情境如何影响辞职事件。换句话说，本书检验了官员背景独立董事辞职对公司价值的影响是否会因这一现象普遍程度的不同而存在差异，具体结果见表5－6。观察表5－6可以发现，对于（＋1，＋10）这一事件窗口，在前一阶段该现象较被关注时，官员背景独立董事的辞职带来了负的累计超额回报率，且在15％的显著性水平下与0之间存在显著差异。同时，非参数检验的结果表明，两个子样本之间的差异在5％的显著性水平下显著。另外，对于（－10，＋10）这一事件窗口，两个子样本之间的累计超额回报率也在统计上有显著差异。该结果说明，在"官员独董离职潮"的前一阶段，官员背景独立董事辞职这一现象普遍受到关注，因此会明显地影响公司价值。然而，当该社会现象被逐渐接受时，该事件的影响能力变低。由此可见，假设5.4通过验证。

表5－6　　"官员独董离职潮"不同波段的各子样本官员背景
独立董事辞职的平均累计超额回报率及差异

事件窗口	"官员独董离职潮"的不同波段	样本数	ACAR（％）	t值	ΔACAR（％）	t值	z值
CAR（＋1，＋3）	后3个月	36	0.19	0.264	0.47	0.230	－1.214
	前3个月	5	－0.28	－0.156			
CAR（＋1，＋5）	后3个月	36	1.03	0.992	－0.72	－0.245	－0.405
	前3个月	5	1.75	0.741			
CAR（＋1，＋10）	后3个月	36	2.01	1.424	5.49	1.417	－2.023***
	前3个月	5	－3.48*	－2.052			
CAR（－1，＋2）	后3个月	36	0.19	0.200	3.21	1.194	－1.214
	前3个月	5	－3.02	－1.530			
CAR（－10，＋10）	后3个月	36	1.69	0.827	9.84	1.704**	－2.023***
	前3个月	5	－8.15	－1.756			

注：同表5－4。

（三）稳健性检验

在本书分析所使用的样本中存在一些公司，它们的官员背景独立董事辞职时，其他不具有官员背景的独立董事也一起辞职。为了避免其他独立董事辞职的干扰，本书对这些样本进行了剔除。另外，一些发生辞职的官员背景独立董事同时兼职于其他上市公司。已有研究指出，独立董事网络会对公司行为产生影响（陈运森和谢德仁，2012）。有鉴于此，本书也对这些样本进行了剔除。我们在剔除上述两类样本后重新进行了事件研究，具体结果见表5-7。在表5-7中，Panel A、Panel B 和 Panel C 分别报告了在存在干扰的样本进行剔除之后，资源约束程度高低不同的两个子样本、官员背景独立董事来源不同的两个子样本及"官员独董离职潮"不同波段的两个子样本辞职事件的平均累计超额回报率及其差异。表5-7的结果表明，之前的结论基本不变。

表5-7　　　　不同子样本官员背景独立董事辞职的平均
累计超额回报率及差异（稳健性检验）

Panel A							
事件窗口	资源约束程度	样本数	ACAR（%）	t 值	ΔACAR（%）	t 值	z 值
CAR（+1，+3）	低	12	−0.42	−0.408	−1.01	−0.591	−0.908
	高	17	0.59	0.478			
CAR（+1，+5）	低	12	3.15	1.517	2.67	1.065	0.399
	高	17	0.48	0.316			
CAR（+1，+10）	低	12	5.19**	1.807	6.31	1.874**	1.240
	高	17	−1.12	−0.568			
CAR（−1，+2）	低	12	0.25	0.174	0.10	0.040	0.399
	高	17	0.15	0.087			
CAR（−10，+10）	低	12	9.36***	2.927	13.05	2.874***	2.657***
	高	17	−3.69	−1.200			
Panel B							
事件窗口	所任职部门与公司所在行业	样本数	ACAR（%）	t 值	ΔACAR（%）	t 值	z 值
CAR（+1，+3）	无关	15	−0.68	−0.709	−1.77	−1.062	−0.910
	相关	14	1.09	0.786			

续表

Panel B

事件窗口	所任职部门与公司所在行业	样本数	ACAR（%）	t 值	ΔACAR（%）	t 值	z 值
CAR（+1，+5）	无关	15	0.57	0.506	-2.11	-0.848	-1.099
	相关	14	2.68	1.171			
CAR（+1，+10）	无关	15	0.34	0.227	-2.37	-0.676	-0.722
	相关	14	2.71	0.836			
CAR（-1，+2）	无关	15	-0.53	-0.386	-1.49	-0.637	-0.408
	相关	14	0.96	0.499			
CAR（-10，+10）	无关	15	2.13	0.644	0.86	0.169	-0.910
	相关	14	1.27	0.323			

Panel C

事件窗口	"官员独董离职潮"的不同波段	样本数	ACAR（%）	t 值	ΔACAR（%）	t 值	z 值
CAR（+1，+3）	后 3 个月	25	0.26	0.282	0.60	0.242	-1.826**
	前 3 个月	4	-0.34	-0.144			
CAR（+1，+5）	后 3 个月	25	1.66	1.201	0.51	0.140	-1.095
	前 3 个月	4	1.15	0.389			
CAR（+1，+10）	后 3 个月	25	2.39	1.235	6.52	1.315	-1.826**
	前 3 个月	4	-4.13*	-2.051			
CAR（-1，+2）	后 3 个月	25	0.67	0.528	3.47	1.037	-1.826**
	前 3 个月	4	-2.80	-1.105			
CAR（-10，+10）	后 3 个月	25	3.24	1.216	11.06	1.559*	-1.826**
	前 3 个月	4	-7.82	-1.309			

注：同表 5-4。

小结

本书采用事件研究法，分析了自《意见》出台之后，官员背景独立董事辞职对股票回报的影响。研究结果表明：总体上看，官员背景独立董事的辞职并未直接影响公司价值；进一步进行样本细分后发现，在资源约束程度较高的子样本中，官员背景独立董事辞职对股票价格有负向影响，且这种影响与资源约束程度较低的子样本之间存在显著差异，证明了这种类型独立董事能够为上市公司引入资源；在根据官员背景独立董事所任职的政府部门是否与上市公司所从事行业相关划分的两个子样本间，官员背景独立董事辞职对股票价格的影响并不存在显著差异，不能支持官员背景独立董事提供政策信息的功能；在"官员独董离职潮"的前一阶段，官员背景独立董事辞职负向影响股票价格，并且这一影响与"官员独董离职潮"后一阶段的子样本相比在统计上存在显著差异，证明了社会情境的影响。

本部分的研究结论从一个侧面证明了《意见》出台的必要性与及时性。官员背景独立董事辞职对部分公司股票价值的负向影响表明，上市公司与政府官员之间存在一定的"寻租"行为，而《意见》的出台能够在一定程度上规避这种"寻租"行为。只有尽可能地规避此类"寻租"行为，才能斩断"政治关联盛行—分配不公—企业能力缺乏—政治关联更加盛行"的恶性循环（杨其静，2011）。此外，研究结论还对独立董事制度的完善具有一定的政策启示。例如，研究结果表明，具有不同特征的上市公司对独立董事的需求也有所不同。因此，相关部门应鼓励上市公司根据自身特征设立独立董事，这种自主性治理的有效性更高。

第二节　基于独立董事与政府补贴的大样本研究*

在本章第一节中，我们基于官员背景独立董事辞职的一个小样本进行事件研究，证明了这种类型的独立董事有效应对环境不确定性的功能，尤其是能够为上市公司带来资源。为了验证该结论的普

---

* 本节主要观点发表于《预测》2017 年第 1 期。

适性，在本节中，我们开展了大样本的实证分析。具体来说，通过基于已有研究分析官员背景独立董事与政府补贴之间的关系，并采用包含 2003—2014 年 A 股上市公司的样本对研究假设进行验证，证明了这种类型独立董事为上市公司带来资源的功能。

一 理论分析与研究假设

根据第一节的结论，官员背景独立董事可以为上市公司带来资源。考虑到政府补贴是这些资源的一种表现形式，本部分分析了官员背景独立董事与政府补贴之间的关系。在此基础上，进一步论证了上市公司所在地区市场化程度的高低是否会对这种关系产生影响。

（一）官员背景独立董事与政府补贴

已有关于高层管理者政治关联的研究取得了丰富的成果（李维安等，2010）。在这些研究中，一些学者分析了高层管理者政治关联如何影响企业的资源约束。例如，Chan 等（2012a）对 CEO 和董事长层面的政治关联对融资约束的影响进行了实证检验，发现政治关联可以缓解企业所面临的融资约束，且那些不具有政治关联的家族企业所面临的融资约束最为严重。罗党论和甄丽明（2008）分析了民营企业董事会层面的政治关联如何影响融资约束，发现民营企业政治关联的存在可以显著降低融资约束。邓建平和曾勇（2011）也发现了民营企业政治关联的这种作用。此外，还有的研究对民营企业政治关联作用于融资约束的内在机理进行了深入分析，并把核心机理区分为信息效应和资源效应，最终发现，资源效应的主导作用更强（于蔚等，2012）。总结这些研究可以看到，已有研究已经就高层管理者政治关联可以为企业带来资源达成了共识。事实上，官员背景独立董事也是政治关联的一种表现形式。基于这些研究推断，这种类型的独立董事也可以为企业带来资源。相关研究已为此提供了实证证据，如谢志明和易玄（2014）分产权性质检验了官员背景独立董事的资源支持功能和监督功能，发现该类独立董事在大部分样本中都表现出了资源支持功能。另外，政府补贴对企业来说也是一种有价值的资源。如王文华和张卓（2013）的研究所表明的，政府补贴能在一定程度上缓解企业的融资约束。有鉴于此，本书提出官员背景独立董事能够给上市公司引入更多的政府补贴。

官员背景独立董事能够为上市公司带来更多的政府补贴，其内在机理主要表现在两个方面：第一，这一过程相当于官员背景独立董事与上市公司之间的资源交换。上市公司引入官员背景独立董事后，会为其支付一定的独立董事津贴。作为一种回报，官员背景独立董事能够帮助上市公司更容易地获得政府补贴。第二，官员背景独立董事可以充当上市公司与政府之间的信息媒介。政府在决定为一家上市公司提供补贴之前，需要了解该公司的发展状况。此时，如果有在任或已退休官员在上市公司中担任独立董事，可以帮助政府更全面地了解公司。此外，官员背景独立董事也可以将政府准备发放补贴的消息及时通知上市公司，从而有利于它们为获得这些补贴提前做准备。

基于以上论述，本书提出如下假设：

假设 5.5：官员背景独立董事的存在有利于上市公司获得更多的政府补贴。

（二）制度环境的调节作用

在对官员背景独立董事与政府补贴之间的关系进行了分析之后，本部分进一步分析了两者之间的关系是否因为上市公司所在地区市场化程度的不同而存在差异。

已有关于政治关联的研究发现，政治关联的作用在市场化程度较高时会有所下降。例如，在证明了政治关联能够显著降低民营企业的融资约束基础上，罗党论和甄丽明（2008）进一步发现，这种作用在金融发展水平低的地区更加明显。此外，江雅雯等（2012）发现，存在政治关联的民营企业更积极地参与研发，而且政治关联的这种促进作用在市场化程度低的地区更大。李维安和徐业坤（2012）发现，政治关联有利于提高民营企业的生产率，且这种作用在制度环境较差的地区更为明显。基于这些研究，本书认为，官员背景独立董事这种政治关联形式为上市公司带来政府补贴的作用在市场化程度较高的地区也会随之降低。

另外，制度环境的完善使上市公司可以通过多种途径获得资源，相关研究也为此提供了实证证据。例如，Chan 等（2012b）检验了金融管制及资本控制强度在解除之后如何影响上市公司所面临的融资约束，发现对于无政治关联的企业而言，金融管制的解除和较低的资本控制能够缓解它们的融资约束。一些学者对比分析了处在金融发展程度不同地区的企业融资约束是否存在差异，发现如果上市公司处在金融发展程度较高的地区，其融资约束显著较低。沈红波等（2010）认为，这是由于金融发展程度高的地区能够提供丰富的金融资源，且相关中介机构较多。黄志忠和谢军（2013）发现，区域金融市场的发展能够强化宏观货币政策对企业融资约束的缓解效应。魏志华等（2014）认为，良好的金融生态环境缓解融资约束的作用机理在于使中小企业和民营企业更容易获得商业信用和银行贷款。由此可以推断，在市场化程度较高的地区，上市公司对政府补贴的依赖更低。

此外，市场化程度较高的地区，信息也更加透明（Jiang et al.，2010）。在这种情况下，政府本身有能力通过上市公司披露的信息甄别它的发展状况，从而做出是否给予该公司补贴的决策。此时，政府不再那么依赖官员背景独立董事为其提供相关信息，官员背景独立董事作为信息媒介的作用也随之降低。

根据以上三个方面的论述，本书提出如下假设：

假设 5.6：随着上市公司所在地区市场化程度的提高，官员背景独立董事与上市公司政府补贴之间的正相关关系逐渐减弱。

二　研究设计

在本部分中，我们介绍本节实证研究过程中的样本选择与数据来源、模型构建与变量定义等。

（一）样本选择与数据来源

在本节中，为了对本书提出的假设 5.5 和假设 5.6 进行实证检验，我们选择了 2003—2014 年的 A 股上市公司作为初始样本。之所以选择 2003 年作为样本期间的起始年份，是由于本节所用到的政府补贴数据来源于国泰安数据库中的财务报表附注数据库，而该数据库的起始年份为 2003 年。在剔除被 ST 的上市公司、数据不全的上市公司以及属于金融行业的上市公司之后，最终得到的样本包含 18465 个 firm – year。

本书中的独立董事背景数据通过手工查找国泰安数据库中的高层管理者动态进行判断，其他上市公司的财务数据和公司治理数据均来源于国泰安 CSMAR 数据库，数据库中缺失的数据通过收集年报进行补充，年报下载自和讯网。市场化指数数据来源于樊纲等（2011）编写的《中国市场化指数——各地区市场化相对进程 2011 年报告》。在研究过程中，本部分对数据进行处理与分析所采用的软件为 Excel 2010 和 Stata13.0。

（二）模型构建与变量定义

为了对假设 5.5 中关于官员背景独立董事与上市公司政府补贴之间的关系进行检验，本书构建了如下回归模型：

$$subsidy = \alpha + \beta_1 \cdot idpc + \beta_2 \cdot size + \beta_3 \cdot fix + \beta_4 \cdot roa +$$
$$\beta_5 \cdot growth + \beta_6 \cdot age + \beta_7 \cdot no1 + \beta_8 \cdot state +$$
$$\beta_9 \cdot cpc + \beta_{10} \cdot \sum_{i=1}^{11} ind + \beta_{11} \cdot year0 + \varepsilon \qquad (5.5)$$

参考 Wang（2015）和戴亦一等（2014）的研究，本书选择企业所获得的政府补贴占营业收入的比例（subsidy）作为模型（5.5）的因变量。模型（5.5）中的自变量 idpc 用以测量上市公司中官员背景独立董事的存在。本书先设立了一个虚拟变量 idpcdummy 对此进行测量，如果上市公司中存在官员背景的独立董事，该变量赋值为 1，否则为 0。此外，借鉴 Wang（2015）的研究，本书还设计了一个相应的连续变量 idpcper，具体通过董事会中拥有官员背景的独立董事占所有独立董事的比例来测量。

模型（5.5）中控制变量的选择同样参考了已有关于政府补贴

影响因素的研究。已有研究从多个角度分析了政府补贴的影响因素，例如，唐清泉和罗党论（2007）发现，上市公司承担的社会目标越明显，其获得的政府补贴越多，且这种关系在国有企业样本中更显著。戴亦一等（2014）也得出了类似的结论，他们发现，慈善捐赠作为一种"政治献金"，能够为上市公司带来更多的政府补贴。肖兴志和王伊攀（2014）从慈善捐赠和"寻租"费用两个方面衡量了企业社会资本投资，发现进行社会资本投资的企业能够获得更多的政府补贴。王红建等（2014）分析了上市公司盈余操纵是否影响政府补贴的获得，发现那些进行负向盈余操纵的公司获得的政府补贴更多，且这种关系在国际金融危机之后更加明显。参考这些研究，本书控制了公司规模（size）、固定资产比率（fix）、资产收益率（roa）、营业收入增长率（growth）、公司年龄（age）、第一大股东持股比例（no1）、上市公司实际控制人是否国有（state）以及11个行业虚拟变量（ind_{1-11}）。在该模型中，本书还对上市公司其他形式的政治关联进行了控制，以避免它们对政府补贴的影响干扰本书研究的结论。考虑到董事长在上市公司中的重要位置，本书控制了一个虚拟变量cpc，如果董事长具有政治关联，该变量赋值为1，否则为0。此外，考虑到中组部于2013年出台了《意见》，为了控制意见出台对官员背景独立董事作用的影响，本书控制了一个虚拟变量year0，如果样本公司属于2013年和2014年，该变量赋值为1，否则为0。

为了对假设5.6中关于制度环境对官员背景独立董事与政府补贴之间关系的调节作用进行检验，本书按市场化指数的均值将样本划分成市场化程度较高和市场化程度较低的两个子样本，分别按模型（5.5）进行回归分析，并对官员背景独立董事变量的回归系数进行比较，从而判断官员背景独立董事与政府补贴之间的关系是否因市场化程度的不同而存在差异。

在表5-8中，本书进一步对各变量的代码和定义情况进行了明确。值得注意的是，在实证分析中，为了消除主要变量异常值的影响，本书对它们进行了上下 1% 的 Winsorize 处理。

表 5 - 8　　　　　　　　　　　相关变量说明

变量	简写代码	变量定义
政府补贴比例	subsidy	公司本年度所获政府补贴占营业收入总额的比例
官员背景独立董事虚拟变量	idpcdummy	若公司董事会中存在具有官员背景的独立董事，idpcdummy 等于 1，否则为 0
官员背景独立董事连续变量	idpcper	公司董事会中官员背景独立董事占所有独立董事的比例
公司规模	size	公司总资产的自然对数
固定资产比例	fix	公司固定资产占总资产的比例
资产收益率	roa	公司净利润占总资产的比例
营业收入增长率	growth	公司本年度营业收入减去上年度营业收入的差占上年度营业收入的比例
公司年龄	age	样本公司所在年份减去其上市年份
第一大股东持股比例	no1	公司第一大股东的持股比例
上市公司是否国有	state	上市公司实际控制人性质为国有，state 等于 1，否则为 0
董事长的政治关联	cpc	若董事长具有政治关联，cpc 等于 1，否则为 0
11 个行业虚拟变量	ind	若属于该行业则赋值为 1，否则为 0
1 个年度虚拟变量	year0	若属于该 2013 年和 2014 年，year0 等于 1，否则为 0

资料来源：笔者设计整理。

三　计量结果与分析

在本书，我们首先对本节中各变量进行了描述性统计；然后计算了各变量之间的相关性系数及其显著性，以初步判断假设是否成立；最后，通过 OLS 回归分析的方法，对本节所提出的研究假设进行了检验。

（一）变量的描述性统计

本节各变量的描述性统计结果见表5－9。在表5－9中，我们报告了各变量的均值、标准差、最小值与最大值。

表5－9 变量的描述性统计结果

变量	均值	标准差	最小值	最大值
subsidy	0.0080	0.0158	0	0.0963
idpcdummy	0.6536	0.4758	0	1
idpcper	0.3058	0.2816	0	1
size	21.7115	1.1616	19.4724	25.2833
fix	0.2630	0.1795	0.0027	0.7555
roa	0.0348	0.0566	-0.2193	0.1888
growth	0.1951	0.4266	-0.6132	2.7122
age	8.6103	5.4182	0	24
no1	0.3732	0.1566	0.0909	0.7510
state	0.5432	0.4981	0	1
cpc	0.3450	0.4754	0	1
year0	0.0841	0.2776	0	1

观察表5－9可以发现，样本公司获得政府补贴的情况在不同公司之间存在较大差异。平均来看，样本公司所获得的政府补贴占营业收入的0.8%，与唐清泉和罗党论（2007）的结果基本一致。其中，一些上市公司没有获得政府补贴，而获得最多的能达到上市公司营业收入的9.6%。自变量方面，测量独立董事官员背景的虚拟变量表明，有65.4%的上市公司董事会中存在官员背景独立董事。进一步观察连续变量的统计情况可以发现，平均来看，具有官员背景的独立董事能够占全部独立董事的比例接近1/3（30.6%），甚至有的上市公司引入的独立董事全部具有官员背景，表现为连续变量的最大值为1。控制变量方面，在经过 Winsorize 之后，各财务变量不再存在异常值。公司在资本市场上存续的时间存在较大差异，有的上市公司自存在交易所以来便开始发行股票，而有的在2014年刚

进行了 IPO。样本公司第一大股东持股比例的均值为 37.3%，表明整体来看，中国上市公司"一股独大"的问题仍较为严重。从该变量的最大值来看，有的上市公司第一大股东的持股比例高达 75.1%。分析样本公司的实际控制人情况可以发现，国有控股上市公司占全部样本的一半以上（54.3%）。34.5% 的上市公司通过董事长建立了政治关联，相比这种形式的政治关联，通过引入官员背景独立董事建立政治关联的上市公司更多，这也凸显了本部分的研究意义。此外，受《意见》出台影响的上市公司占样本公司的 8.4%。

（二）相关性分析

上一部分分析了各变量的描述性统计结果之后，下面进一步分析了各变量之间的相关性，具体变量的相关性分析结果见表 5-10。

表 5-10　　　　　　　　变量的相关性分析结果

变量	subsidy	idpcdummy	idpcper	size	fix
subsidy	1				
idpcdummy	0.0353***	1			
idpcper	0.0408***	0.7905***	1		
size	-0.0438***	0.0979***	0.0942***	1	
fix	-0.0592***	-0.0210***	-0.0376***	0.0797***	1
roa	0.0532***	0.0317***	0.0191***	0.0986***	-0.1149***
growth	-0.0539***	-0.0091	-0.0126*	0.0649***	-0.0374***
age	-0.0454***	0.0246***	0.0322***	0.2764***	-0.0162**
no1	-0.0838***	0.0073	0.0232***	0.2282***	0.0837***
state	-0.1253***	0.0114	-0.0199***	0.2655***	0.2231***
cpc	0.0320***	0.0852***	0.0926***	0.0539***	-0.0122*

变量	roa	growth	age	no1	state	cpc
roa	1					
growth	0.2344***	1				

续表

变量	roa	growth	age	no1	state	cpc
age	− 0. 1295 ***	− 0. 0618 ***	1			
no1	0. 1062 ***	0. 0644 ***	− 0. 1233 ***	1		
state	− 0. 0748 ***	− 0. 0164 **	0. 2763 ***	0. 2474 ***	1	
cpc	0. 0661 ***	0. 0187 **	− 0. 0914 ***	− 0. 0061	− 0. 1146 ***	1

注：＊＊＊、＊＊、＊分别表示1%、5%、10%的显著性水平。

观察表5－10可以发现，因变量政府补贴比例与官员背景独立董事的两个变量之间的相关系数符号均都在1%的显著性水平下显著为正。这一结果初步验证了假设5.5，即官员背景独立董事有利于上市公司获得更多的政府补贴。两个自变量idpcdummy和idpcper之间的相关系数为0.7905，且在1%的显著性水平下显著。两者之间的高度相关说明本书对自变量的测量是稳健的。由于这种高度相关，在下一部分的回归分析中本书将这两个变量分别放入模型中进行回归。因变量与公司规模之间的相关系数在1%的显著性水平下显著为负，表明规模小的上市公司会获得更多的政府补贴。因变量与固定资产比例之间的相关系数为负，且在1%的显著性水平下显著，说明固定资产占比越多，越不容易获得政府补贴。公司盈利能力与因变量之间正相关，且在1%的显著性水平下显著，说明政府更愿意为盈利能力较强的上市公司提供补贴。公司成长能力与因变量之间的相关关系则为负，且在1%的显著性水平下显著，说明成长性较差的公司反而更容易获得政府补贴。公司年龄与因变量之间的相关系数在1%的显著性水平下显著为负，说明政府倾向于为新企业提供补贴。第一大股东持股比例与因变量之间的相关系数为负，且在1%的显著性水平下显著，说明政府倾向于为股权结构合理的上市公司提供更多的补贴。实际控制人是否为国有这一变量与因变量之间在1%的显著性水平下显著为负，说明非国有控股企业获得了比国有控股企业更多的政府补贴。此外，董事长的政治关联有利于为上市公司带来更多的政府补贴，表现为两者之间的相关系数在 1% 的显著性水平下显著为正。

通过分析表 5 – 10 中各变量之间的相关性，本书对研究假设进行了初步的检验。此外，从表 5 – 10 中还可以看到，各自变量与控制变量之间的相关系数都低于 0.3，说明回归模型不存在严重的多重共线性问题。有鉴于此，本书在下一部分采用 OLS 回归分析方法对假设进行检验。

（三）回归分析

在对各变量进行了描述性统计以及分析了各变量之间的相关性之后，本书在本部分对模型（5.5）进行回归分析，以深入探究官员背景独立董事对上市公司政府补贴的影响。具体的回归分析结果见表 5 – 11。

表 5 – 11　　　　　　　　回归分析结果

subsidy	模型 1	模型 2	模型 3
size	0.0002	0.0001	0.0001
	[0.0001]	[0.0001]	[0.0001]
fix	− 0.0038 ***	− 0.0037 ***	− 0.0037 ***
	[0.0007]	[0.0007]	[0.0007]
roa	0.0145 ***	0.0144 ***	0.0145 ***
	[0.0021]	[0.0021]	[0.0021]
growth	− 0.0024 ***	− 0.0024 ***	− 0.0024 ***
	[0.0003]	[0.0003]	[0.0003]
age	0.0000	0.0000	0.0000
	[0.0000]	[0.0000]	[0.0000]
no1	− 0.0057 ***	− 0.0057 ***	− 0.0058 ***
	[0.0008]	[0.0008]	[0.0008]
state	− 0.0026 ***	− 0.0026 ***	− 0.0025 ***
	[0.0003]	[0.0003]	[0.0003]
cpc	0.0006 ***	0.0006 **	0.0005 **
	[0.0002]	[0.0002]	[0.0002]

续表

subsidy	模型 1	模型 2	模型 3
ind	控制	控制	控制
year0	0.0027***	0.0027***	0.0026***
	[0.0004]	[0.0004]	[0.0004]
idpcdummy		0.0008***	
		[0.0002]	
idpcper			0.0016***
			[0.0004]
cons	0.0045*	0.0047**	0.0048**
	[0.0023]	[0.0023]	[0.0023]
R^2	0.0725	0.0731	0.0733
F	72.12***	69.27***	69.47***
样本数	18465	18465	18465

注: ***、**、* 分别表示1%、5%、10%的显著性水平, 括号内为标准误差。

在表5-11中, 本书列示了三个模型的OLS回归分析结果。首先, 模型1为仅将因变量对各控制变量按模型 (5.5) 进行回归分析的模型。观察模型1可以发现, 与相关性分析的结果一致, 上市公司固定资产占总资产的比例越大, 获得的政府补贴越少, 表现为固定资产比例变量的回归系数在1%的显著性水平下显著为负。这可能是由于政府会为那些无形资产占比较大的上市公司提供更多的补贴, 这些公司的研发投入需要更多的资金。资产收益率变量的回归系数为正, 且在1%的显著性水平下显著, 说明盈利能力强的上市公司会获得更多的政府补贴。与 Wang (2015) 的实证分析结果相似, 本书发现, 营业收入增长率变量的回归系数在1%的显著性水平下显著为负, 说明成长性越好的上市公司获得的政府补贴更少。这可能是因为政府具有扶持发展不好的上市公司的倾向, 为这些上市公司提供更多的补贴。第一大股东持股比例的回归系数在1%的显著性水平下显著为负, 表明政府更不倾向于为"一股独大"的上市公司提供补贴, 这与 Wang (2015) 的实证结果一致。实际控制人是否国有这一变量的回归系数在1%的显著性水平下显著为负，说明国有控股企业相比非国有控股企业获得的政府补贴更少。董事长政治关联变量的回归系数为正，且在1%的显著性水平下显著为正，证明了政治关联具有为上市公司带来资源的作用（余明桂等，2010）。在模型1基础上，本书在模型2中加入了测量是否存在官员背景独立董事的虚拟变量。观察模型2可以发现，该变量的回归系数在1%的显著性水平下显著为正，说明官员背景独立董事的存在确实能够为上市公司带来更多的政府补贴，假设5.5得以验证。同时，本书将模型2中的虚拟变量替换为衡量官员背景独立董事占全部独立董事比例的连续变量重新进行回归，模型3列示了这一回归结果。可以发现，连续变量的回归系数仍然为正，且在1%的显著性水平下显著，证明了上述结论的稳健性。

此外，对于表5-11中的三个回归模型，其整体F检验都在1%的显著性水平下显著拒绝了原假设，表明各模型的整体拟合状况较好。

在假设5.5得以验证后，本书通过将总样本按上市公司所在地区市场化程度的均值划分为两个子样本，并比较两个子样本中官员背景独立董事作用的差异，从而对假设5.6进行检验。两个子样本的回归分析结果见表5-12。

表5-12　　　　不同市场化程度下官员背景独立董事与
政府补贴之间的关系检验

subsidy	模型4	模型5	模型6	模型7
	high degree	low degree	high degree	low degree
size	-0.0004 **	0.0005 ***	-0.0004 **	0.0005 ***
	[0.0002]	[0.0002]	[0.0002]	[0.0002]
fix	-0.0041 ***	-0.0027 ***	-0.0040 ***	-0.0028 ***
	[0.0011]	[0.0010]	[0.0011]	[0.0010]
roa	0.0135 ***	0.0102 ***	0.0136 ***	0.0103 ***
	[0.0032]	[0.0028]	[0.0032]	[0.0028]

续表

subsidy	模型 4	模型 5	模型 6	模型 7
	high degree	low degree	high degree	low degree
growth	-0.0031 ***	-0.0015 ***	-0.0031 ***	-0.0015 ***
	[0.0004]	[0.0004]	[0.0004]	[0.0004]
age	-0.0001 ***	0.0002 ***	-0.0001 ***	0.0002 ***
	[0.0000]	[0.0000]	[0.0000]	[0.0000]
no1	-0.0066 ***	-0.0047 ***	-0.0067 ***	-0.0049 ***
	[0.0011]	[0.0011]	[0.0011]	[0.0011]
state	-0.0009 **	-0.0034 ***	-0.0009 **	-0.0033 ***
	[0.0004]	[0.0004]	[0.0004]	[0.0004]
cpc	0.0005	0.0007 **	0.0005	0.0007 **
	[0.0003]	[0.0003]	[0.0003]	[0.0003]
ind	控制	控制	控制	控制
year0	0.0028 ***	—	0.0027 ***	—
	[0.0004]	—	[0.0004]	—
idpcdummy	0.0002	0.0013 ***		
	[0.0003]	[0.0003]		
idpcper			0.0010 *	0.0021 ***
			[0.0006]	[0.0006]
cons	0.0187 ***	-0.0081 **	0.0188 ***	-0.0080 **
	[0.0033]	[0.0034]	[0.0033]	[0.0034]
R^2	0.0977	0.0559	0.0979	0.0555
F	51.77 ***	24.79 ***	51.93 ***	24.61 ***
样本	10067	8398	10067	8398

注：***、**、*分别表示1%、5%、10%的显著性水平，括号内为标准误差。

在表5-12中，本书列示了四个模型的OLS回归分析结果。其中，模型4和模型5为自变量用是否存在官员背景独立董事的虚拟变量测量时，对市场化程度较高和较低的两个子样本分别进行回归的结果。对比模型4和模型5可以发现，idpcdummy这一变量的回归系数在两个模型中都为正，但只有在市场化程度较低的子样本中才在统计上显著，显著性水平为 1%。进一步的 Chow 检验表明，该变量的系数在两个模型之间存在显著性差异（F = 20.48，p < 0.01）。模型 6 和模型 7 为自变量为用官员背景独立董事占所有独立董事的比例这一连续变量进行测量时，对市场化程度较高和较低的两个子样本分别进行回归的结果。对比这两列可以发现，idpcper 这一变量的回归系数在两个模型中都为正，且分别在 10% 和 1% 的显著性水平下显著。无论从系数大小还是从显著性水平上来看，市场化程度较低的子样本都高于市场化程度较高的子样本。进一步的 Chow 检验表明，该变量的系数在两个子样本之间存在显著性差异（F = 17.15，p < 0.01）。四个回归模型的整体 F 检验都在 1% 的显著性水平下显著拒绝了原假设，表明各模型的整体拟合状况较好。两组模型的对比结果说明，官员背景独立董事与政府补贴之间的正向关系在市场化程度较低的子样本中更为明显，假设 5.6 得以验证。

四　进一步检验

以 2003—2014 年 A 股上市公司为大样本，本节验证了官员背景独立董事为上市公司带来更多政府补贴的作用，并发现，这种作用在市场化程度较低的地区更为明显。这一结论表明，上市公司获取政府补贴的过程中可能存在"寻租"行为，而这种"寻租"行为的存在有可能导致政府提供的补贴并未得到有效利用，导致资源错配的情况出现。有鉴于此，本节进一步检验了上市公司所获得的政府补贴是否得到了有效的利用，且这种效率的存在是否因为官员背景独立董事的存在而存在差异。

具体来说，本书借鉴 Liu 和 Lu（2007）检验上市公司增发所获得的资本是否得到有效利用的模型检验政府补贴的利用效率，具体模型如下：

$$\frac{I}{K} = \alpha + \beta_1 \cdot growth + \beta_2 \cdot cfa + \beta_3 \cdot subsidydummy \times growth +$$

$$\beta_4 \cdot subsidydummy \times cfa + \varepsilon \tag{5.6}$$

在该模型中，I 为上市公司购建固定资产、无形资产和其他长期资产支付的现金；K 为公司总资产；$growth$ 为上市公司营业收入增长率，用来衡量该公司的投资机会；cfa 为公司经营活动产生的现金流量净额按总资产进行标准化；$subsidydummy$ 为虚拟变量，如果上市公司本年度获得了政府补贴，该变量赋值为 1，否则为 0。通过观察该模型中交叉项的系数 β_3 和 β_4，既可以检验上市公司所获得的政府补贴能否得到有效利用，也可以检验所获得的补贴是否可以缓解融资约束。该模型的具体回归结果见表 5 – 13。

表 5 – 13　官员背景独立董事的存在对政府补贴利用效率的影响

I/K	模型 8	模型 9	模型 10
	总样本	idpcdummy = 1	idpcdummy = 0
growth	0.0043 ***	0.0061 ***	0.0023
	[0.0015]	[0.0020]	[0.0023]
cfa	0.1651 ***	0.1566 ***	0.1769 ***
	[0.0080]	[0.0103]	[0.0128]
subsidydummy × growth	0.0056 ***	0.0014	0.0129 ***
	[0.0019]	[0.0024]	[0.0030]
subsidydummy × cfa	−0.0385 ***	−0.0313 ***	−0.0491 ***
	[0.0088]	[0.0110]	[0.0151]
_ cons	0.0530 ***	0.0535 ***	0.0523 ***
	[0.0005]	[0.0006]	[0.0009]
R^2	0.0418	0.0382	0.0499
F	201.30 ***	119.84 ***	83.87 ***
样本数	18449	12061	6388

注：***、**、*分别表示1%、5%、10%的显著性水平，括号内为标准误差。

在表 5 – 13 中，我们列示了三个模型的回归结果。模型 8 为按模型（5.6）对总体样本进行回归分析的结果。观察模型 8 可以发现，样本公司的投资对投资机会具有一定的敏感性，投资机会的回归系数为正，且在 1% 的显著性水平下显著。投资机会的系数表明，样本公司的投资是有效率的。现金流变量的系数在 1% 的显著性水平下显著为正，表明样本公司的投资依赖于自身现金流，面临着一定的融资约束。该模型中的核心变量为两个交叉项，分析它们的回归系数可以了解政府补贴的效率。是否获得政府补贴与投资机会交叉项的回归系数在 1% 的显著性水平下显著为正，表明上市公司获得的政府补贴有利于它们积极投资以响应投资机会。总体而言，这说明，政府补贴的利用效率较高。此外，是否获得政府补贴与现金流交叉项的回归系数为负，且在 1% 的显著性水平下显著，表明政府补贴的获得有利于缓解上市公司的融资约束。

在对总体样本进行了回归分析之后，本书按是否存在官员背景独立董事将样本划分为子样本，并分别按模型（5.6）进行回归，结果见模型 9 和模型 10。模型 9 为存在官员背景独立董事的子样本回归结果。观察模型 9 可以发现，当官员背景独立董事存在时，政府补贴虽然能够缓解上市公司面临的融资约束，但并不能促进公司进行有效投资，表现为是否获得政府补贴与投资机会交叉项的回归系数在统计上不显著。这说明，官员背景独立董事的存在虽然有利于上市公司获得政府补贴，但所获得的补贴并未得到有效的利用。相反，在模型 10 中，是否获得政府补贴与投资机会交叉项的回归系数在 1% 的显著性水平下显著为正，说明对于没有官员背景独立董事的样本公司而言，政府补贴得到了它们的有效利用。通过采用 Chow 检验的方法对该交叉项的系数在两个子样本之间是否存在显著差异进行检验，发现两者的差异在统计上显著（$F = 4.57$，$p < 0.05$）。这一结果印证了余明桂等（2010）和赵璨等（2015）的观点，他们发现，企业虽通过"寻租"行为或迎合行为获得了更多的政府补贴，但政府补贴的绩效有限。三个回归模型的整体 F 检验都在 1% 的显著性水平下显著拒绝了原假设，表明各模型的整体拟合

状况较好。总体而言，本节通过进一步的检验发现，官员背景独立
董事为上市公司带来的政府补贴并未得到有效利用。

小结

在本节中，我们以 2003—2014 年 A 股上市公司为样本，采用
回归分析等方法检验了官员背景独立董事与政府补贴之间的关系，
以及这种关系是否因上市公司所处地区市场化程度的不同而不同。
本节的主要结论如下：

首先，在控制了已有研究所关注的政治关联形式后，本节发现，
上市公司通过引入官员背景独立董事而构建的政治关联在获取政府
补贴方面具有积极作用。这一发现不仅验证了具有官员背景的独立
董事在上市公司中发挥的作用，也通过识别一种新的形式的政治关
联拓展了已有关于政治关联的研究。

其次，在验证了官员背景独立董事在上市公司获取政府补贴中
所发挥的作用基础上，本节进一步检验了这种作用是否因上市公司
所处地区市场化程度的不同而存在差异。通过按市场化程度的均值
将样本划分为市场化程度较高和市场化程度较低的两个子样本，并
对比官员背景独立董事变量在不同子样本之间的差异，研究发现，
官员背景独立董事的作用在市场化程度较低的地区更为明显。这一发
现表明，随着制度环境的完善，政治关联的作用将逐渐降低，证明了
十八大报告中所指出的让市场在资源配置中起决定性作用的必要性。

最后，本节进一步检验了上市公司所获得政府补贴的利用效率。
通过采用投资—投资机会敏感性模型对全样本进行回归分析，研究
发现，上市公司所获得的政府补贴能够提高其投资以响应投资机
会，说明总体上政府补贴得到了有效利用。然而，通过按是否存在
官员背景独立董事将样本划分成两个子样本并对比分析发现，当上
市公司官员背景独立董事存在时，政府补贴并不能改善投资，即此
时政府补贴并未得到有效利用。通过这一检验，本书证明了官员背
景独立董事为上市公司带来的政府补贴是一种资源错配，从一侧面
证明了《意见》出台的必要性与及时性。

第六章 结论与研究展望

基于前五章的理论分析与实证检验，本章对这些分析所得到的结论进行归纳。在本章中，我们首先归纳总结本书得到的基本结论。其次，深入讨论这些研究结论对已有相关研究的理论贡献及实践启示。最后，指出了本书研究过程中尚存在的一些局限性，并基于这些局限性对未来的研究方向进行了展望。

第一节 研究结论

一 研究过程

通过回顾已有关于独立董事的研究，本书发现，已有研究并未就独立董事制度是否有效提供准确的、统一的答案。基于这种理论背景，以及独立董事制度在中国资本市场发展、演变十余年的实践背景，本书旨在系统地对中国上市公司独立董事制度的有效性进行检验。

《指导意见》规定，上市公司董事会中独立董事的比例不得少于1/3。然而，一个有趣的现象是，越来越多的上市公司开始引入超过1/3的独立董事，即超额设立独立董事。本书首先从这一独特现象入手，将上市公司看作一个开放系统，通过引入资源依赖理论和组织社会学中的新制度理论分别分析上市公司与外部技术环境和制度环境之间的关系，对影响上市公司超额设立独立董事的因素进行挖掘。通过分析上市公司超额设立独立董事的影响因素，本书挖掘了上市公司在引入独立董事时希望他们所发挥的功能，包括监督功能、获取合法性功能及应对环境不确定性的功能。在通过分析超额设立独立董事动因识别了独立董事的功能之后，本书利用一份独特的问卷调查数据，进一步分析了被调查者所感知到的独立董事功能以及这些功能的影响因素。通过分析独立董事功能测量量表的区分效度以及公司特征等变量影响独立董事功能的内在机理，也佐证了本书对独立董事功能进行划分的合理性。

在识别了独立董事的上述功能之后，本书进一步对独立董事的不同功能进行实证检验。具体来说，通过对组织社会学中的新制度理论和代理理论进行逻辑演绎，本书提出专业背景独立董事具有获取合法性的功能以及监督功能。其中，前一功能由那些并不具备实际工作经历的专业背景独立董事承担，而后一功能由来自实务界的专业背景独立董事承担。考虑到控股股东掏空问题在中国上市公司"一股独大"的情境下普遍存在，本书以掏空问题作为研究背景对专业背景独立董事获取合法性的功能及监督功能进行了实证检验。

此外，通过引入资源依赖理论，本书具体检验了官员背景独立董事所具有的应对环境不确定性的功能。针对该类独立董事的这种功能，本书分别采用基于小样本的事件研究和基于大样本的实证分析进行了检验。首先，2013年10月19日《意见》的出台所引发的官员背景独立董事辞职潮为分析该类独立董事的功能提供了良好契机。通过采用事件研究法，本书分析了官员背景独立董事辞职对上市公司价值的影响，从而验证了该类独立董事的功能。为了验证结论的普适性，本书在小样本的事件研究基础上，还开展了大样本的实证分析。具体来说，基于A股上市公司的样本，本书对官员背景独立董事与政府补贴之间的关系进行了实证检验，证明了该类独立董事应对环境不确定性的功能。

二　研究的主要结论

通过以代理理论、新制度理论、资源依赖理论等经典理论作为理论基础，提出独立董事具有三种不同的功能，并利用上市公司的数据，采用多种研究方法对研究假设进行实证检验，本书主要得出了以下结论：

第一，上市公司之所以在《指导意见》规定之外引入更多的独立董事，主要是希望这些独立董事可以发挥应对环境不确定性和为上市公司获取合法性的功能。通过对一个包含 2003—2014 年 12734 个 firm‐year 的样本进行实证分析，本书发现，外部技术环境首先会作用于上市公司超额设立独立董事的行为。如果上市公司面临较高的技术环境复杂性，它们便会考虑引入更多的独立董事以应对这种不确定性。除考虑外部的技术环境以外，上市公司也会对外部的制度环境予以关注。具体表现为：如果同行业中超额设立独立董事的上市公司越多，焦点公司越有可能引入更多的独立董事。进一步地，本书检验了上市公司超额设立独立董事的影响因素在不同子样本之间是否存在差异。实证研究发现，相较于国有企业，非国有企业样本中 st 变量的系数无论从大小还是显著性水平上都较高，说明非国有企业更强调通过引入更多的独立董事以获取制度环境中的合法性。通过对不同行业的子样本分别进行实证检验，本书还发现，房地产行业中的上市公司由于处在竞争激烈的环境中，更强调独立董事可以为公司带来资源、有效应对环境不确定性的功能，而社会服务业则更倾向于利用独立董事的影响力。总体上看，通过分析上市公司超额设立独立董事的动因，本书识别了独立董事应对环境不确定性和获取合法性的功能。另外，非国有企业子样本的回归模型中控制变量第一大股东持股比例和两职合一变量的系数都在统计上显著为负，这说明存在代理问题倾向的上市公司更不愿意引入更多的独立董事，从而间接地证明了独立董事具有一定的监督功能（孙亮和刘春，2014；刘浩等，2014）。

第二，问卷调查数据的分析结果证明了独立董事三种功能区分的合理性。首先，在采用验证性因子分析技术对变量测量之间的区分效度进行检验时，本书发现，将独立董事功能划分为监督功能、获取合法性功能以及应对环境不确定性功能的三因素模型结果最好。这表明，本书根据已有理论推理出的三种独立董事功能与样本公司被调查者对独立董事功能的主观划分是一致的，即监督功能、获取合法性功能及应对环境不确定性功能。其次，本书采用 GLS 回归分析方法分析了上市公司特征等变量对独立董事不同功能的影响。研究发现，公司规模、资本结构、盈利能力、领导权结构、股权结构、所有权性质以及所处地区市场化程度都会影响上市公司独立董事功能的发挥。对这些变量如何影响独立董事功能内在机理的分析，也进一步为本书将独立董事的三种功能进行区分提供了证据。

第三，本书指出，专业背景独立董事具有监督以及为上市公司获取制度环境中合法性的功能。其中，承担监督功能的主要是来自实务界的专业背景独立董事，而其他专业背景独立董事可以为上市公司带来合法性。在本书中，我们通过分析会计背景和法律背景独立董事在控股股东掏空问题上的监督功能对研究假设进行检验。通过对一个包含 2004—2014 年 19057 个 firm－year 的样本开展实证分析，本书发现，来自实务界的会计背景独立董事在对控股股东掏空问题的事前与事中监督方面相比其他会计背景独立董事具有较大的优势，前一类独立董事更能有效降低控股股东的掏空程度。此外，已有研究表明，外部审计机构通过为存在控股股东掏空问题的上市公司出具非标准审计意见，在治理掏空问题上具有一定的有效性（Jiang et al. , 2010）。本书通过检验专业背景独立董事的存在对外部审计机构治理有效性的调节作用发现，实务界会计背景独立董事能够提高外部审计机构的治理有效性，从而证明了他们具有更强的事后监督功能。对于法律背景独立董事而言，无论他们的工作经历如何，都对控股股东掏空行为具有事前与事中监督功能，然而并无事后监督功能。进一步地，本书实证检验了专业背景独立董事的监督功能是否因所在地区市场化程度的不同而存在差异。按市场化程度高低分组的检验结果表明，当市场化程度较低时，实务界会计背景独立董事会表现出更强的监督功能，无论是事前与事中监督，还是事后监督。这一结果说明，制度环境的外部治理机制与会计背景独立董事的内部治理之间是替代关系。然而，当市场化程度较高时，法律背景独立董事的事前与事中监督功能更强，表明外部治理机制与法律背景独立董事的内部治理之间是互补关系。

第四，上市公司董事会中具有官员背景的独立董事可以发挥为上市公司带来资源从而有效应对环境不确定性的功能。本书首先利用 2013 年 10 月 19 日《意见》出台后官员背景独立董事纷纷辞职的研究契机，通过对 41 个官员背景独立董事辞职的事件开展研究，证明了官员背景独立董事的这一功能。基于事件研究，本书发现，对于总体样本而言，官员背景独立董事的辞职并不显著影响股票的价格，但在受外部环境资源约束较强的子样本中，官员背景独立董事辞职负向影响股票价格，且这种影响与受外部环境资源约束较弱的子样本相比存在显著差异，证明了官员背景独立董事为上市公司提供资源的作用。此外，在官员背景独立董事离职潮的前一阶段（样本期间的前三个月），他们的辞职负向影响股票价格，且这种影响与处在官员背景独立董事离职潮后一阶段（样本期间的后三个月）的子样本相比在统计上存在显著差异，说明一种现象在被社会普遍接受后其影响也变弱。为了保证研究结论的普适性，本书在小样本的事件研究之外，还针对一个包含 2003—2014 年 18465 个 firm－year 的大样本开展了实证分析，以检验该类独立董事具有何种功能。实证研究表明，上市公司通过引入官员背景独立董事而构建的政治关联能够为上市公司带来更多的政府补贴。在验证了官员背景独立董事在上市公司获取政府补贴中所发挥的正向作用基础上，本书还对这种作用是否因上市公司所处地区市场化程度的不同而存在差异进行了检验。通过对比官员背景独立董事变量系数在市场化程度不同的子样本之间的差异，本书发现，官员背景独立董事的作用在市场化程度较低的地区更为明显。此外，本书还对比分析了官员背景独立董事的存在是否会影响上市公司所获得的政府补贴的利用效率。结果表明，当上市公司董事会中存在官员背景独立董事时，政府补贴并未得到有效利用。

第二节　研究贡献、局限及未来研究展望

一　研究贡献

本书从开放系统视角出发，通过引入资源依赖理论、新制度理论等组织理论，分析上市公司与外部环境之间的关系，在这一过程中识别出了上市公司董事会中独立董事发挥的功能，并进一步对独立董事不同的功能进行了实证检验。研究结论既丰富了已有相关研究，也对上市公司引入独立董事及相关部门完善独立董事制度具有一定的实践启示。

本书主要从以下几个方面丰富了已有研究：

第一，与已有研究大多数把上市公司看作一个封闭系统相比，本书引入组织理论中聚焦于组织与环境之间关系的资源依赖理论和新制度理论，从开放系统视角分析中国上市公司的治理问题。周雪光（2003）指出，一个理论的发展既有开创性研究，也有随后的研究为其提供实证证据。本书便通过使用这两种理论分析中国上市公司的公司治理实践，拓展了这两种理论的研究领域，为其提供了中国情境下的实证素材。

第二，已有关于独立董事的实证研究主要聚焦于检验独立董事是否有效发挥了监督作用（唐清泉等，2005；胡奕明和唐松莲，2008）。本书则通过理论推演以及实证检验，发现上市公司引入独立董事除想利用其监督功能之外，还想利用他们为公司获取合法性以及有效地应对环境不确定性，且不同功能由具有不同背景的独立董事承担。因此，本书的研究结论是对已有关于独立董事功能研究的重要补充。

第三，与已有关于独立董事监督作用的研究不同的是，本书具体区分了专业背景独立董事发挥监督功能的时点。通过分析专业背

景独立董事对控股股东掏空行为的监督功能，本书发现，来自实务界的会计背景独立董事不仅能够有效杜绝控股股东的掏空行为（事前、事中监督），而且在掏空行为发生后，可以与外部审计机构一起识别控股股东的违规行为（事后监督）。这一发现为分析独立董事如何发挥监督作用贡献了新的研究视角。

第四，已有学者在测量政治关联时，多采用判断董事长及总经理是否具有政治身份的方法（Fan 等，2007；徐业坤等，2013）。然而，除这类政治关联可供上市公司利用外，还存在其他形式的政治关联，例如引入具有官员背景的独立董事。本书通过检验这种形式的政治关联在上市公司获取政府补贴中的作用，丰富了已有关于政治关联的研究。

本书的实践启示主要体现在两个层面：一是为上市公司引入独立董事提供了决策依据；二是对相关部门制定完善上市公司独立董事制度的政策具有一定的借鉴意义。

第一，为了检验上市公司独立董事制度的有效性，本书从上市公司超额设立独立董事这一独特现象出发，旨在通过挖掘公司设立独立董事的前向影响因素，识别出上市公司在引入独立董事时希望他们发挥什么样的功能。对这些前向影响因素的挖掘与分析，可以为上市公司决定是否引入相关独立董事提供决策参考。此外，对不同背景独立董事功能的实证检验，可以为上市公司引入何种独立董事提供决策依据。总体上看，上市公司在制定关于是否引入相关独立董事的决策时，可以综合分析这些影响因素并结合自身特征全面地进行权衡，从而有利于提升决策的科学性。

第二，在识别出上市公司期望独立董事所能发挥的作用之后，本书进一步检验了不同背景的独立董事是否承担不同的职能、发挥不同的作用，包括会计背景独立董事、法律背景独立董事以及官员背景独立董事。对不同背景独立董事所发挥的不同功能进行检验，回应了相关新闻媒体报道中关于上市公司为什么引入不同背景的独立董事以及他们是否发挥作用的疑问，有利于相关部门重新思考如何进一步完善上市公司独立董事制度。

二 研究局限与未来研究展望

本书基于组织理论,从多个角度出发,对中国上市公司独立董事制度的有效性进行了检验,取得了一定的研究成果。然而,尽管本书力求研究框架的完善与研究内容的完整,但仍存在一些局限性,而这些局限性正是未来研究值得探索的方向。

第一,在通过分析上市公司超额设立独立董事的影响因素识别出独立董事的主要功能之后,本书还进一步对独立董事的不同功能进行了实证检验。在本书研究过程中,我们主要对会计背景独立董事、法律背景独立董事和官员背景独立董事的功能进行了分析。然而,囿于研究框架的限制,本书并未过多涉及其他背景独立董事的功能。除这些背景的独立董事之外,已有研究还选择了其他背景的独立董事作为研究对象。例如,胡元木(2012)分析了技术背景独立董事在提高上市公司研发产出效率方面的作用。何贤杰等(2014b)聚焦于券商背景的独立董事,发现他们影响了投资者获取上市公司信息的公平性。在另一项关于券商背景独立董事的研究中,他们发现,引入该种类型独立董事的上市公司更容易出现内幕交易(何贤杰等,2014a)。此外,还有研究分析了异地背景的独立董事在上市公司中发挥的功能,如孙亮和李春(2014)发现,上市公司引入异地独立董事主要是为了强化独立董事的咨询功能、弱化他们的监督功能。刘春等(2015)通过分析异地独立董事在提升异地并购效率方面的作用证明了异地独立董事的咨询功能。有鉴于此,在未来研究中,应该继续探索其他背景独立董事的功能,并尝试基于其他理论解释这些独立董事发挥作用的内在机理。

第二,本书基于新制度理论和代理理论演绎推理出来自实务界的专业背景独立董事比其他专业背景独立董事有更强的监督功能,并通过对专业背景独立董事变量与控股股东掏空变量之间的关系进行分析验证了研究假设。已有研究也多采用这种检验两个变量之间关系的方法分析独立董事的监督功能,但若力图深入揭示独立董事发挥作用的内在过程，还需要更微观层面的调查。一些研究已开始从这方面入手对独立董事的监督功能进行分析，如 Tang 等（2013）的实证研究发现，当独立董事发表非同意意见时，股票市场会有负的回报。进一步地，独立董事更有可能对代理问题严重的公司发表非同意意见。当独立董事有更多的席位、更长的任期、具备财务专长或来自异地时，他们更有可能发表非同意意见。Jiang 等（2016）通过分析中国上市公司独立董事的投票数据发现，关注自身事业发展的独立董事更可能发表非同意意见，且这类意见最终以更多的独立董事席位和被监管部门较低的处罚风险而得到奖励。此外，这种非同意意见通过利益相关者的响应提高了公司治理和市场透明度。除分析独立董事意见的类型之外，一些研究还通过分析独立董事意见中的文字信号识别了中国上市公司独立董事发挥作用的履职特性（赵子夜，2014）。因此，未来分析独立董事的功能，尤其是监督功能时，应该尝试借鉴这些研究从更微观的层面深入剖析独立董事发挥作用的过程及机理。此外，还可以尝试引入实验经济学的研究方法，分析独立董事发挥作用的动机、过程及结果（李建标等，2009）。

第三，本书利用上市公司数据，实证检验了不同背景独立董事的不同功能。在检验独立董事不同功能的过程中，本书还分析了独立董事的功能是否因上市公司所处地区市场化程度的不同而不同。然而，除制度环境这一情境因素之外，独立董事功能的发挥还受其他一些情境因素的影响。例如，有学者分析了独立董事的薪酬设计对其功能的影响，发现独立董事现金薪酬与盈余管理程度之间正相关，表明当独立董事领取高额薪酬时，他们的独立性降低，在监督财务报告质量上的有效性也随之降低（Ye，2014）。韩晴和王华（2014）分析了独立董事责任险的引入对其监督作用的影响，发现在引入独立董事责任险之后，独立董事监督代理成本及提高信息披露质量的动机都得到强化。由此可见，独立董事的薪酬高低是影响其功能发挥的重要因素。此外，还有学者分析了独立董事在其他上市公司中兼任独立董事是否影响其功能的发挥，发现拥有多个席位的独立董事并非平均地分配他们的精力。他们的精力分配主要基于这些席位所带来的声誉大小，当某个席位基于外生事件所带来的声誉增加时，该独立董事在这个董事会中的参与率会随之提高，同时随后的公司绩效也有所改善（Masulis and Mobbs，2014）。有鉴于此，独立董事的兼职情况也是影响其作用发挥的一个重要情境因素。未来研究可以进一步分析独立董事的各项功能是否因这些情境因素的不同而存在差异。对这些情境因素的分析，既可以为已有关于独立董事的研究提供补充，也可以为相关部门从细节方面（如薪酬激励、兼职数量限制等）完善上市公司独立董事制度提供一定的启示。

参考文献

［1］薄仙慧、吴联生：《盈余管理、信息风险与审计意见》，《审计研究》2011 年第 1 期。

［2］陈宏辉、贾生华：《信息获取、效率替代与董事会职能的改进——一个关于独立董事作用的假说性诠释及其应用》，《中国工业经济》2002 年第 2 期。

［3］陈睿、段从清、王治：《声誉维度下薪酬对独立董事有效性的影响——基于独立意见的经验证据》，《中南财经政法大学学报》2016 年第 1 期。

［4］陈运森、谢德仁：《董事网络、独立董事治理与高管激励》，《金融研究》2012 年第 2 期。

［5］戴亦一、陈冠霖、潘健平：《独立董事辞职、政治关系与公司治理缺陷》，《会计研究》2014 年第 11 期。

［6］戴亦一、潘越、冯舒：《中国企业的慈善捐赠是一种"政治献金"吗？——来自市委书记更替的证据》，《经济研究》2014 年第 2 期。

［7］邓建平、曾勇：《金融关联能否缓解民营企业的融资约束》，《金融研究》2011 年第 8 期。

［8］邓可斌、周小丹：《独立董事与公司违规：合谋还是抑制》，《山西财经大学学报》2012 年第 11 期。

［9］董红晔：《财务背景独立董事的地理邻近性与股价崩盘风险》，《山西财经大学学报》2016 年第 3 期。

［10］樊纲、王小鲁、朱恒鹏：《中国市场化指数——各地区市场化

相对进程 2011 年报告》，经济科学出版社 2011 年版。

[11] 高雷、何少华、黄志忠：《公司治理与掏空》，《经济学》（季刊）2006 年第 4 期。

[12] 高明华、马守莉：《独立董事制度与公司绩效关系的实证分析——兼论中国独立董事有效行权的制度环境》，《南开经济研究》2002 年第 2 期。

[13] 高山行、谢言、王玉玺：《企业 R&D 能力、外部环境不确定性对合作创新模式选择的实证研究》，《科学学研究》2009 年第 6 期。

[14] 龚光明、王京京：《财务专家型独立董事能有效抑制盈余管理吗？——来自深市 2003—2011 年的经验证据》，《华东经济管理》2013 年第 12 期。

[15] 顾亮、刘振杰、张耀伟：《独立董事有价值吗？——基于独立董事突然死亡的事件研究》，《华东经济管理》2014 年第 1 期。

[16] 郭海、沈睿：《环境包容性与不确定性对企业商业模式创新的影响研究》，《经济与管理研究》2012 年第 10 期。

[17] 郭毅、可星、朱熹等：《管理学的批判力》，中国人民大学出版社 2006 年版。

[18] 韩晴、王华：《独立董事责任险、机构投资者与公司治理》，《南开管理评论》2014 年第 5 期。

[19] 郝云宏、甘甜、林仙云：《独立董事的身份对企业绩效的影响》，《管理学报》2014 年第 4 期。

[20] 何贤杰、孙淑伟、曾庆生：《券商背景独立董事与上市公司内幕交易》，《财经研究》2014 年第 8 期。

[21] 何贤杰、孙淑伟、朱红军等：《证券背景独立董事、信息优势与券商持股》，《管理世界》2014 年第 3 期。

[22] 何铮、谭劲松、陆园园：《组织环境与组织战略关系的文献综述及最新研究动态》，《管理世界》2006 年第 11 期。

［23］侯晓辉、李婉丽、王青：《基于生产效率视角的独立董事治理效应研究》，《预测》2011 年第 1 期。

［24］胡勤勤、沈艺峰：《独立外部董事能否提高上市公司的经营业绩》，《世界经济》2002 年第 7 期。

［25］胡奕明、唐松莲：《独立董事与上市公司盈余信息质量》，《管理世界》2008 年第 9 期。

［26］胡元木：《技术独立董事可以提高 R&D 产出效率吗？——来自中国证券市场的研究》，《南开管理评论》2012 年第 2 期。

［27］黄志忠、谢军：《宏观货币政策、区域金融发展和企业融资约束——货币政策传导机制的微观证据》，《会计研究》2013 年第 1 期。

［28］江雅雯、黄燕、徐雯：《市场化程度视角下的民营企业政治关联与研发》，《科研管理》2012 年第 10 期。

［29］杰弗里·M. 伍德里奇：《计量经济学导论》（第四版），费剑平译，中国人民大学出版社 2010 年版。

［30］蓝海林、汪秀琼、吴小节等：《基于制度基础观的市场进入模式影响因素：理论模型构建与相关研究命题的提出》，《南开管理评论》2010 年第 6 期。

［31］李常青、赖建清：《董事会特征影响公司绩效吗？》，《金融研究》2004 年第 5 期。

［32］李大元、项保华、陈应龙：《企业动态能力及其功效：环境不确定性的影响》，《南开管理评论》2009 年第 6 期。

［33］李建标、巨龙、李政等：《董事会里的"战争"——序贯与惩罚机制下董事会决策行为的实验分析》，《南开管理评论》2009 年第 5 期。

［34］李晶、项保华：《环境不确定性对公司创业影响机理——基于大气扰动中飞行原理的模拟分析》，《研究与发展管理》2008 年第 3 期。

［35］李姝、高山行：《环境不确定性、组织冗余与原始性创新的关

系研究》，《管理评论》2014 年第 1 期。

[36] 李维安：《欲不搞空洞治理，须端正治理理念》，《南开管理评论》2012 年第 4 期。

[37] 李维安、邱艾超、阎大颖：《企业政治关系研究脉络梳理与未来展望》，《外国经济与管理》2010 年第 5 期。

[38] 李维安、徐业坤：《政治关联形式、制度环境与民营企业生产率》，《管理科学》2012 年第 2 期。

[39] 李焰、陈才东、黄磊：《集团化运作、融资约束与财务风险——基于上海复星集团案例研究》，《管理世界》2007 年第 12 期。

[40] 李燕媛、刘晴晴：《中国独立董事制度的有效性：基于盈余管理维度的评价与建议》，《经济与管理研究》2012 年第 11 期。

[41] 李增泉、孙铮、王志伟：《"掏空"与所有权安排——来自我国上市公司大股东资金占用的经验证据》，《会计研究》2004 年第 12 期。

[42] 梁琪、余峰燕、郝项超：《独立董事制度引入的市场效应研究》，《中国工业经济》2009 年第 11 期。

[43] 梁上坤、陈冬华：《大股东会侵犯管理层利益吗？——来自资金占用与管理层人员变更的经验证据》，《金融研究》2015 年第 3 期。

[44] 梁婷、夏常源：《上市公司独立董事治理与薪酬契约的比较研究——基于社会网络分析视角》，《保险研究》2014 年第 2 期。

[45] 刘诚、杨继东：《独立董事的社会关系与监督功能——基于 CEO 被迫离职的证据》，《财经研究》2013 年第 7 期。

[46] 刘春、李善民、孙亮：《独立董事具有咨询功能吗？——异地独董在异地并购中功能的经验研究》，《管理世界》2015 年第 3 期。

[47] 刘浩、李灏、金娟：《不对称的声誉机制与独立董事市场需

求——来自中国 A 股 ST 公司的经验证据》,《财经研究》
2014 年第 4 期。

[48] 刘善敏、林斌:《大股东掏空与经理人薪酬激励——基于资金
占用的视角》,《中国会计评论》2011 年第 4 期。

[49] 刘绪光、李维安:《基于董事会多元化视角的女性董事与公司
治理研究综述》,《外国经济与管理》2010 年第 4 期。

[50] 娄芳:《国外独立董事制度的研究现状》,《外国经济与管理》
2001 年第 12 期。

[51] 陆正飞、王春飞、伍利娜:《制度变迁、集团客户重要性与非
标准审计意见》,《会计研究》2012 年第 10 期。

[52] 罗党论、唐清泉:《市场环境与控股股东"掏空"行为研
究——来自中国上市公司的经验证据》,《会计研究》2007 年
第 4 期。

[53] 罗党论、甄丽明:《民营控制、政治关系与企业融资约束——
基于中国民营上市公司的经验证据》,《金融研究》2008 年第
12 期。

[54] 罗进辉:《独立董事的明星效应:基于高管薪酬——业绩敏感
性的考察》,《南开管理评论》2014 年第 3 期。

[55] 吕敏康、刘拯:《媒体态度、投资者关注与审计意见》,《审
计研究》2015 年第 3 期。

[56] 马如静、蒙小兰、唐雪松:《独立董事兼职席位的信号功
能——来自 IPO 市场的证据》,《南开管理评论》2015 年第
4 期。

[57] 宁向东、张颖:《独立董事能够勤勉和诚信地进行监督吗——
独立董事行为决策模型的构建》,《中国工业经济》2012 年第
1 期。

[58] 青木昌彦:《转轨经济中的公司治理结构》,中国经济出版社
1995 年版。

[59] 全怡、陈冬华、李真:《独立董事身份提高了分析师的预测质

量吗?》,《财经研究》2014 年第 11 期。

[60] 申慧慧、吴联生、肖泽忠:《环境不确定性与审计意见:基于股权结构的考察》,《会计研究》2010 年第 12 期。

[61] 申慧慧、于鹏、吴联生:《国有股权、环境不确定性与投资效率》,《经济研究》2012 年第 7 期。

[62] 沈红波、寇宏、张川:《金融发展、融资约束与企业投资的实证研究》,《中国工业经济》2010 年第 6 期。

[63] 沈烈:《企业独立董事制度:现状解析与创新思考——基于沪深上市公司相关数据的分析》,《经济管理》2012 年第 5 期。

[64] 沈维涛、叶小杰:《市场化程度、独立董事独立性与公司价值——基于独立董事辞职公告的实证检验》,《经济管理》2012 年第 12 期。

[65] 苏冬蔚、熊家财:《大股东掏空与 CEO 薪酬契约》,《金融研究》2013 年第 12 期。

[66] 苏敬勤、崔淼:《环境不确定性、能力基础与业务调整:理论与案例》,《科研管理》2011 年第 2 期。

[67] 孙亮、刘春:《公司为什么聘请异地独立董事?》,《管理世界》2014 年第 9 期。

[68] 谭劲松、李敏仪、黎文靖等:《我国上市公司独立董事制度若干特征分析》,《管理世界》2003 年第 9 期。

[69] 谭劲松、郑国坚、周繁:《独立董事辞职的影响因素:理论框架与实证分析》,《中国会计与财务研究》2006 年第 2 期。

[70] 谭艳艳、刘金伟、杨汉明:《融资约束、超额现金持有与企业价值》,《山西财经大学学报》2013 年第 1 期。

[71] 唐国华、孟丁:《环境不确定性对开放式技术创新战略的影响》,《科研管理》2015 年第 5 期。

[72] 唐清泉:《上市公司作用下独立董事任职的动机与作用——基于上海证券交易所的实证研究》,《管理科学》2005 年第 4 期。

[73] 唐清泉、罗党论:《政府补贴动机及其效果的实证研究——来自中国上市公司的经验证据》,《金融研究》2007年第6期。

[74] 唐清泉、罗党论、王莉:《大股东的隧道挖掘与制衡力量——来自中国市场的经验证据》,《中国会计评论》2005年第1期。

[75] 唐雪松、杜军、申慧:《独立董事监督中的动机——基于独立意见的经验证据》,《管理世界》2010年第9期。

[76] 唐跃军、左晶晶:《终极控制权、大股东治理战略与独立董事》,《审计研究》2010年第6期。

[77] 万良勇、邓路、郑小玲:《网络位置、独立董事治理与公司违规——基于部分可观测 Bivariate Probit 模型》,《系统工程理论与实践》2014年第12期。

[78] 万良勇、胡璟:《网络位置、独立董事治理与公司并购——来自中国上市公司的经验证据》,《南开管理评论》2014年第2期。

[79] 汪丽、茅宁、龙静:《管理者决策偏好、环境不确定性与创新强度——基于中国企业的实证研究》,《科学学研究》2012年第7期。

[80] 王红建、李青原、邢斐:《金融危机、政府补贴与盈余操纵——来自中国上市公司的经验证据》,《管理世界》2014年第7期。

[81] 王伟毅、李乾文:《环境不确定性与创业活动关系研究综述》,《外国经济与管理》2007年第3期。

[82] 王文华、张卓:《金融发展、政府补贴与研发融资约束——来自 A 股高新技术上市公司的经验证据》,《经济与管理研究》2013年第11期。

[83] 王跃堂:《独立董事制度的有效性:理论分析与实证检验》,中国财政经济出版社2010年版。

[84] 王跃堂、赵子夜、魏晓雁:《董事会的独立性是否影响公司绩

效?》,《经济研究》2006 年第 5 期。

[85] 王跃堂、朱林、陈世敏:《董事会独立性、股权制衡与财务信息质量》,《会计研究》2008 年第 1 期。

[86] 魏志华、曾爱民、李博:《金融生态环境与企业融资约束——基于中国上市公司的实证研究》,《会计研究》2014 年第 5 期。

[87] 文东华、潘飞、陈世敏:《环境不确定性、二元管理控制系统与企业业绩实证研究》,《管理世界》2009 年第 10 期。

[88] 吴冬梅、刘运国:《捆绑披露是隐藏坏消息吗?——来自独立董事辞职公告的证据》,《会计研究》2012 年第 12 期。

[89] 吴淑琨、刘忠明、范建强:《非执行董事与公司绩效的实证研究》,《中国工业经济》2001 年第 9 期。

[90] 吴溪、王春飞、陆正飞:《独立董事与审计师出自同门是"祸"还是"福"?——独立性与竞争—合作关系之公司治理效应研究》,《管理世界》2015 年第 9 期。

[91] 吴晓晖、陈闯、姜彦福:《非政策因素的独立董事形成机制实证研究》,《中国工业经济》2007 年第 11 期。

[92] 武立东:《我国上市公司主动设立独立董事的动机分析》,《税务与经济》2007 年第 6 期。

[93] 向锐:《财务独立董事特征与会计稳健性》,《山西财经大学学报》2014 年第 6 期。

[94] 肖兴志、王伊攀:《政府补贴与企业社会资本投资决策——来自战略性新兴产业的经验证据》,《中国工业经济》2014 年第 9 期。

[95] 萧维嘉、王正位、段芸:《大股东存在下的独立董事对公司业绩的影响——基于内生视角的审视》,《南开管理评论》2009 年第 2 期。

[96] 谢绚丽、赵胜利:《中小企业的董事会结构与战略选择——基于中国企业的实证研究》,《管理世界》2011 年第 1 期。

［97］谢志明、易玄：《产权性质、行政背景独立董事及其履职效应研究》，《会计研究》2014 年第 9 期。

［98］辛清泉、黄曼丽、易浩然：《上市公司虚假陈述与独立董事监管处罚——基于独立董事个体视角的分析》，《管理世界》2013 年第 5 期。

［99］徐明霞、汪秀琼、王欢：《基于制度基础观的企业区域多元化进入模式研究述评》，《外国经济与管理》2010 年第 9 期。

［100］徐向艺、［韩］尹映集：《家族控股公司独立董事比例与企业成长关系研究——创新行为的中介效应》，《经济与管理研究》2014 年第 5 期。

［101］徐业坤、钱先航、李维安：《政治不确定性、政治关联与民营企业投资——来自市委书记更替的证据》，《管理世界》2013 年第 5 期。

［102］严太华、杨永召：《中国上市公司现金股利变化的公告效应实证研究》，《经济问题》2014 年第 1 期。

［103］阎大颖、洪俊杰、任兵：《中国企业对外直接投资的决定因素：基于制度视角的经验分析》，《南开管理评论》2009 年第 6 期。

［104］杨德明、胡婷：《内部控制、盈余管理与审计意见》，《审计研究》2010 年第 5 期。

［105］杨其静：《企业成长：政治关联还是能力建设?》，《经济研究》2011 年第 10 期。

［106］姚伟峰、鲁桐：《独立董事与企业效率：基于上市公司行业数据的实证研究》，《软科学》2010 年第 1 期。

［107］叶康涛、陆正飞、张志华：《独立董事能否抑制大股东的"掏空"?》，《经济研究》2007 年第 4 期。

［108］叶康涛、祝继高、陆正飞等：《独立董事的独立性：基于董事会投票的证据》，《经济研究》2011 年第 1 期。

［109］于东智：《董事会、公司治理与绩效——对中国上市公司的

经验分析》，《中国社会科学》2003 年第 3 期。

[110] 于蔚、汪淼军、金祥荣：《政治关联和融资约束：信息效应与资源效应》，《经济研究》2012 年第 9 期。

[111] 于一、何维达：《商业银行董事会结构：内生创新还是外生合规》，《山西财经大学学报》2012 年第 2 期。

[112] 余峰燕、郝项超：《具有行政背景的独立董事影响公司财务信息质量么？——基于国有控股上市公司的实证分析》，《南开经济研究》2011 年第 1 期。

[113] 余明桂、回雅甫、潘红波：《政治联系、寻租与地方政府财政补贴有效性》，《经济研究》2010 年第 3 期。

[114] 余明桂、潘红波：《政治关系、制度环境与民营企业银行贷款》，《管理世界》2008 年第 8 期。

[115] 袁建国、程晨、后青松：《环境不确定性与企业技术创新——基于中国上市公司的实证研究》，《管理评论》2015 年第 10 期。

[116] 岳衡：《大股东资金占用与审计师的监督》，《中国会计评论》2006 年第 1 期。

[117] 曾萍、宋铁波、蓝海林：《环境不确定性、企业战略反应与动态能力的构建》，《中国软科学》2011 年第 12 期。

[118] 张斌、王跃堂：《业务复杂度、独立董事行业专长与股价同步性》，《会计研究》2014 年第 7 期。

[119] 赵璨、王竹泉、杨德明等：《企业迎合行为与政府补贴绩效研究——基于企业不同盈利状况的分析》，《中国工业经济》2015 年第 7 期。

[120] 赵昌文、唐英凯、周静等：《家族企业独立董事与企业价值——对中国上市公司独立董事制度合理性的检验》，《管理世界》2008 年第 8 期。

[121] 赵子夜：《"无过"和"有功"：独立董事意见中的文字信号》，《管理世界》2014 年第 5 期。

[122] 郑国坚、林东杰、林斌:《大股东股权质押、占款与企业价值》,《管理科学学报》2014 年第 9 期。

[123] 郑立东、程小可、姚立杰:《独立董事背景特征与企业投资效率——"帮助之手"抑或"抑制之手"?》,《经济与管理研究》2013 年第 8 期。

[124] 郑路航:《"名人"独立董事履行职责状况分析——来自中国上市公司的证据》,《中南财经政法大学学报》2011 年第 3 期。

[125] 郑志刚、吕秀华:《董事会独立性的交互效应和中国资本市场独立董事制度政策效果的评估》,《管理世界》2009 年第 7 期。

[126] 支晓强、童盼:《盈余管理、控制权转移与独立董事变更——兼论独立董事治理作用的发挥》,《管理世界》2005 年第 11 期。

[127] 周繁、谭劲松、简宇寅:《声誉激励还是经济激励——独立董事"跳槽"的实证研究》,《中国会计评论》2008 年第 2 期。

[128] 周雪光:《组织社会学十讲》,社会科学文献出版社 2003 年版。

[129] 周泽将、刘中燕:《中国独立董事声誉机制的有效性研究——基于违规处罚市场反应视角的经验证据》,《中央财经大学学报》2015 年第 8 期。

[130] 祝继高、叶康涛、陆正飞:《谁是更积极的监督者:非控股股东董事还是独立董事?》,《经济研究》2015 年第 9 期。

[131] Agrawal, A., Knoeber, C. R., "Do some outside directors play a political role?", *Journal of Law and Economics*, 2001, pp. 179 – 198.

[132] Agrawal, A., Knoeber, C. R., "Firm performance and mechanisms to control agency problems between managers and sharehold-

ers", *Journal of Financial and Quantitative Analysis*, 1996, pp. 377 – 397.

[133] Aldrich, H. E. , *Organizations and Environments*, Englewood Cliffs, NJ: Prentice – Hall, 1979.

[134] Barnard, C. I. , *The Function of the Executive*, Cambridge Massachusetts: Harvard Univsersity Press, 1938.

[135] Barnhart, S. W. , Rosenstein, S. , "Board composition, managerial ownership, and firm performance: An empirical analysis", *The Financial Review*, 1998, pp. 1 – 16.

[136] Baysinger, B. D. , Butler, H. N. , "Corporate governance and the board of directors: Performance effects of changes in board composition", *Journal of Law, Economics, & Organization*, 1985, pp. 101 – 124.

[137] Beasley, M. S. , "An empirical analysis of the relation between the board of director composition and financial statement fraud", *The Accounting Review*, 1996, pp. 443 – 465.

[138] Berkman, H. , Cole, R. A. , Fu, L. J. , " Expropriation through loan guarantees to related parties: Evidence from China", *Journal of Banking & Finance*, 2009, pp. 141 – 156.

[139] Berle, A. A. , Means, G. C. , *The Modern Corporation and Private Property*, Transaction Publishers, 1932.

[140] Bhagat, S. , Black, B. , "The non – correlation between board independence and long term firm performance", *Journal of Corporation Law*, 2001, pp. 231 – 274.

[141] Boeker, W. , Goodstein, J. , "Organizational performance and adaption: Effects of environment and performance on changes in board composition ", *The Academy of Management Journal*, 1991, pp. 805 – 826.

[142] Bourgeois, L. J. , "Strategy and environment: A conceptual inte-

gration", *The Academy of Management Review*, 1980, pp. 25 – 39.

[143] Boyd, B. , "Corporate linkages and organizational environment: A test of the resource dependence model", *Strategic Management Journal*, 1990, pp. 419 – 430.

[144] Brickley, J. A. , Coles, J. L. , Terry, R. L. , "Outside directors and the adoption of poison pills", *Journal of Financial Economics*, 1994, pp. 371 – 390.

[145] Brickley, J. A. , James, C. M. , "The takeover market, corporate board composition and ownership structure: The case of banking", *Journal of Law and Economics*, 1987, pp. 161 – 180.

[146] Briscoe, F. , Chin, M. K. , Hambrick, D. C. , "CEO ideology as an element of the corporate opportunity structure for social activists", *Academy of Management Journal*, 2014, pp. 1786 – 1809.

[147] Brochet, F. , Srinivasan, S. , "Accountability of independent directors: Evidence from firms subject to securities litigation", *Journal of Financial Economics*, 2014, pp. 430 – 499.

[148] Burns, L. , Wholey, D. , "Adoption and abandonment of matrix management programs: Effects of organizational characteristics and interorganizational networks", *Academy of Management Journal*, 1993, pp. 106 – 138.

[149] Byrd, J. , Hickman, K. , "Do outside directors monitor managers? Evidence from tender offer bids", *Journal of Financial Economics*, 1992, pp. 195 – 221.

[150] Cao, Y. , Dhaliwal, D. , Li, Z. et al. , "Are all independent directors equally informed? Evidence based on their trading returns and social networks", *Management Science*, 2015, pp. 795 – 813.

[151] Carey, P. , Simnett, R. , Audit partner tenure and audit quality, *The Accounting Review*, 2006, pp. 653 – 676.

[152] Chan, K. C. , Li, J. , "Audit committee and firm value: Evidence on outside top executives as expert – independent directors", *Corporate Governance: An International Review*, 2008, pp. 16 – 31.

[153] Chan, K. S. , Dang, V. Q. T. , Yan, I. K. M. , " Chinese firms' political connection, ownership, and financing constraints", *Economics Letters*, 2012, pp. 164 – 167.

[154] Chan, K. S. , Dang, V. Q. T. , Yan, I. K. M. , "Effects of financial liberalization and political connection on listed Chinese firm's financing constraints", *The World Economy*, 2012, pp. 483 – 499.

[155] Chandler, A. D. , *Strategy and Structure: The History of American Industrial Enterprise*, MIT Press, Cambridge, 1962.

[156] Chen, C. J. P. , Chen, S. , Su, X. , "Profitability regulation, earnings management, and modified audit opinions: Evidence from China", *Auditing: A Journal of Practice & Theory*, 2001, pp. 9 – 30.

[157] Chen, C. J. P. , Jaggi, B. , "The association between independent non – executive directors, family control and financial disclosures in Hong Kong", *Journal of Accounting and Public Policy*, 2000, pp. 285 – 310.

[158] Chen, S. , Sun, S. Y. J. , Wu, D. , "Client importance, institutional improvements, and audit quality in China: An office and individual auditor level analysis", *The Accounting Review*, 2010, pp. 127 – 158.

[159] Cheung, Y. , Jing, L. , Lu, T. et al. , "Tunneling and propping up: An analysis of related party transactions by Chinese listed companies", *Pacific – Basin Finance Journal*, 2009, pp. 372 – 393.

[160] Cheung, Y., Rau, P. R., Stouraitis, A., "Tunneling, Propping and expropriation: Evidence from connected party transactions in Hong Kong", *Journal of Financial Economics*, 2006, pp. 343 – 386.

[161] Child, J., "Organizational structure, environment and performance: The role of strategic choice", *Sociology*, 1972, pp. 1 – 22.

[162] Cook, D. O., Wang, H., "The informativeness and ability of independent multi – firm directors", *Journal of Corporate Finance*, 2011, pp. 108 – 121.

[163] Core, J. E., Holthausen, R. W., Larcker, D. F., "Corporate governance, CEO compensation, and firm performance", *Working Paper*, 1997.

[164] Cotter, J. F., Shivdasani, A., Zenner, M., "Do independent directors enhance target shareholder wealth during tender offers?", *Journal of Financial Economics*, 1997, pp. 195 – 218.

[165] Daft, R. L., Sormunen, J., Parks, D., "Chief executive scanning, environmental characteristics, and company performance: An empirical study", *Strategic Management Journal*, 1988, pp. 123 – 139.

[166] Denis, D. J., Sarin, A., "Ownership and board structures in publicly traded corporations", *Journal of Financial Economics*, 1999, pp. 187 – 223.

[167] Dess, G. G., Beard, D. W., "Dimensions of organizational task environments", *Administrative Science Quarterly*, 1984, pp. 52 – 73.

[168] Dill, W. R., Environment as an influence on managerial autonomy", *Administrative Science Quarterly*, 1958, pp. 409 – 443.

[169] DiMaggio, P., Powell, W., "The iron cage revisited: Institutional isomorphism and collective rationality in organizational

fields", *American Sociological Review*, 1983, pp. 147 – 160.

[170] Donaldson, L. , Davis, J. H. , "Boards and company perform-ance: Research challenges the conventional wisdom", *Corporate Governance: An International Review*, 1994, pp. 51 – 160.

[171] Downey, H. K. , Hellriegel, D. , Slocum, J. W. , "Environ-mental uncertainty: The construct and its application", *Adminis-trative Science Quarterly*, 1975, pp. 613 – 629.

[172] Duncan, R. B. , "Characteristics of organizational environments and perceived environmental uncertainty", *Administrative Science Quarterly*, 1972, pp. 313 – 327.

[173] Faccio, M. , "Politically connected firms", *The American Eco-nomic Review*, 2005, pp. 369 – 386.

[174] Fama, E. F. , Jensen, M. C. , "Separation of ownership and control", *Journal of Law and Economics*, 1983, pp. 301 – 325.

[175] Fan, J. P. H. , Wong, T. J. , Zhang, T. , "Politically con-nected CEOs, corporate governance, and post – IPO performance of China's newly partially privatized firms", *Journal of Financial Economics*, 2007, pp. 330 – 357.

[176] Farrell, K. A. , Hersch, P. L. , "Additions to corporate boards: The effect of gender", *Journal of Corporate Finance*, 2005, pp. 85 – 106.

[177] Fich, E. M. , "Are some outside directors better than others? Evidence from director appointments by Fortune 1000 firms", *The Journal of Business*, 2005, pp. 1943 – 1972.

[178] Fligstein, N. , "The spread of the multidivisional form among large firms, 1919 – 1979", *American Sociological Review*, 1985, pp. 377 – 391.

[179] Forsberg, R. H. , "Outside directors and managerial Monitoring", *Akron Business and Managerial Monitoring*, 1989, pp. 24 – 33.

[180] Francis, J. R., Krishnan, J., "Accounting accruals and auditor reporting conservatism", *Contemporary Accounting Research*, 1999, pp. 135 – 165.

[181] Gao, L., Kling, G., "Corporate governance and tunneling: Empirical evidence from China", *Pacific – Basin Finance Journal*, 2008, pp. 591 – 605.

[182] Ghosh, D., Olsen, L., "Environmental uncertainty and managers' use of discretionary accruals", *Accounting, Organizations and Society*, 2009, pp. 188 – 205.

[183] Gillette, A. B., Noe, T. H., Rebello, M. J., "Corporate board composition, protocols, and voting behavior: Experimental evidence", *The Journal of Finance*, 2003, pp. 1997 – 2031.

[184] Goto, A., "Business groups in a market economy", *European Economic Review*, 1982, pp. 53 – 70.

[185] Habbash, M., Xiao, L., Salama, A. et al., "Are independent directors and supervisory directors effective in constraining earnings management?", *Journal of Finance, Accounting and Management*, 2014, pp. 125 – 160.

[186] Hambrick, D. D., Snow, C. C., "A contextual model of strategic decision making in organizations", *Academy of Management Proceeding*, 1977.

[187] Harris, M., Raviv, A., "A theory of board control and size", *Review of Financial Studies*, 2008, pp. 1797 – 1832.

[188] Hermalin, B. E., Weisbach, M. S., "The effects of board composition and direct incentives on firm performance", *Financial Management*, 1991, pp. 101 – 112.

[189] Hillman, A. J., Cannella, A. A., Paetzold, R. L., "The resource dependence role of corporate directors: Strategic adaptation of board composition in response to environmental change", *Jour-

nal of Management Studies, 2000, pp. 236 – 255.

[190] Hitt, M. A. , Ahlstrom, D. , Dacin, M. T. et al. , "The institutional effects on strategic alliance partner selection in transition economies: China vs. Russia", *Organization Science*, 2004, pp. 173 – 185.

[191] Huang, Y. , Sternquist, B. , "Retailers' foreign market entry decisions: An institutional perspective", *International Business Review*, 2007, pp. 613 – 629.

[192] Jensen, M. C. , Meckling, W. H. , "Theory of the firm: Managerial behavior agency costs and ownership structure", *Journal of Financial Economics*, 1976, pp. 305 – 360.

[193] Jiang, G. , Lee, C. M. C. , Yue, H. , "Tunneling through intercorporate loans: The China experience", *Journal of Financial Economics*, 2010, pp. 1 – 20.

[194] Jiang, W. , Wan, H. , Zhao, S. , "Reputation concerns of independent directors: Evidence from individual director voting", *The Review of Financial Studies*, 2015.

[195] Johnson, S. , La Porta, R. , Lopez – de – Silanes, F. et al. , "Tunneling", *American Economic Review* (Papers and Proceedings), 2000, pp. 22 – 27.

[196] Kaplan, S. N. , Minton, B. A. , "Appointments of outsiders to Japanese boards: Determinants and implications for managers", *Journal of Financial Economics*, 1994, pp. 225 – 258.

[197] Khanna, T. , Palepu, K. , "The future of business groups in emerging markets: Long – run evidence from Chile", *Academy of Management Journal*, 2000, pp. 268 – 285.

[198] Khanna, T. , Palepu, K. , "Why focused strategies may be wrong for emerging markets", *Harvard Business Review*, 1997, pp. 41 – 51.

[199] Klein, A., "Firm performance and board committee structure", *Journal of Law and Economics*, 1998, pp. 275 – 304.

[200] Knoke, D., "The spread of municipal reform: Temporal, spatial, and social dynamics", *American Journal of Sociology*, 1982, pp. 1314 – 1339.

[201] Koberg, C. S., Ungson, G. R., "The effects of environmental uncertainty and dependence on organizational structure and performance: A comparative study", *Journal of Management*, 1987, pp. 725 – 737.

[202] La Porta, R., Lopez – de – Silanes, F., Shleifer, A., "Corporate ownership around the world", *The Journal of Finance*, 1999, pp. 471 – 517.

[203] Lang, J. R., Lockhart, D. E., "Increased environmental uncertainty and changes in board linkage patterns", *The Academy of Management Journal*, 1990, pp. 106 – 128.

[204] Lawrence, P. R., Lorsch, J. W., "Differentiation and integration in complex organizations", *Administrative Science Quarterly*, 1967, pp. 1 – 47.

[205] Leff, N., "Industrial organization and entrepreneurship in the developing countries: The economic groups", *Economic Development and Cultural Change*, 1978, pp. 661 – 675.

[206] Leifer, R., Huber, G. P., "Relations among perceived environmental uncertainty, organization structure, and boundary – spanning behavior", *Administrative Science Quarterly*, 1977, pp. 235 – 247.

[207] Lin, C., Ma, Y., Malatesta, P. et al., "Ownership structure and the cost of corporate borrowing", *Journal of Financial Economics*, 2011, pp. 1 – 23.

[208] Liu, Q., Lu, Z., "Corporate governance and earnings man-

agement in the Chinese listed companies: A tunneling perspective", *Journal of Corporate Finance*, 2007, pp. 881 – 906.

[209] Liu, Y. , Miletkov, M. K. , Wei, Z. et al. , " Board independence and firm performance in China", *Journal of Corporate Finance*, 2015, pp. 223 – 244.

[210] Luo, Y. , "Environment – strategy – performance relations in small business in China: A case of township and village enterprises in southern China", *Journal of Small Business Management*, 1999, pp. 37 – 52.

[211] MacAvoy, P. W. , Millstein, I. M. , "The active board of directors and improved performance of the large publicly – traded corporation", *Working Paper*, 1997.

[212] March, J. G. , Simon, H. A. , *Organizations*, Oxford, England: Wiley Organizations, 1958.

[213] Masulis, R. , Mobbs, S. , " Independent director incentives: Where do talented directors spend their limited time and energy?", *Journal of Financial Economics*, 2014, pp. 406 – 429.

[214] Melkumov, D. , Breit, E. , Khoreva, V. , "Directors' social identifications and board tasks: Evidence from Finland", *Corporate governance: An International Review*, 2015, pp. 42 – 59.

[215] Meyer, J. W. , Rowan, B. , " Institutionalized organizations: Formal structure as myth and ceremony", *American Journal of Sociology*, 1977, pp. 340 – 363.

[216] Miles, R. E. , Snow, C. C. , *Organization Strategy, Structure, and Process*, McGraw – Hill: New York, 1978.

[217] Miller, D. , Friesen, P. H. , " Innovation in conservative and entrepreneurial firms: Two models of strategic momentum", *Strategic Management Journal*, 1982, pp. 1 – 25.

[218] Milliken, F. J. , "Three types of perceived uncertainty about the

environment: State, effect, and response uncertainty", *The A-cademy of Management Review*, 1987, pp. 133 – 143.

[219] Minichilli, A. , Zattoni, A. , Zona, F. , "Making boards effective: An empirical examination of board task performance", *British Journal of Management*, 2009, pp. 55 – 74.

[220] Mintzberg, H. , *The Structuring of Organizations*, Englewood Cliffs, NJ: Prentice – Hall, 1979.

[221] Morck, R. , Shleifer, A. , Vishny, R. W. , "Management ownership and market valuation: An empirical analysis", *Journal of Financial Economics*, 1988, pp. 293 – 315.

[222] Nguyen, B. D. , Nielsen, K. M. , "The value of independent directors: Evidence from sudden deaths", *Journal of Financial Economics*, 2010, pp. 550 – 567.

[223] Oliver, C. , "Strategic responses to institutional processes", *Academy of Management Review*, 1991, pp. 145 – 179.

[224] Palmer, D. A. , Jennings, P. D. , Zhou, X. , "Late adoption of the multidivisional form by large US corporations: Institutional, political, and economic accounts", *Administrative Science Quarterly*, 1993, pp. 100 – 131.

[225] Park, Y. W. , Shin, H. , "Board composition and earnings management in Canada", *Journal of Corporate Finance*, 2004, pp. 431 – 457.

[226] Paul, M. S. , Newell, W. T. , "Manufacturing strategy, environmental uncertainty and performance: A path analytic model", *Management Science*, 1987, pp. 509 – 524.

[227] Peasnell, K. , Pope, P. , Young, S. , "Board monitoring & earnings management: Do outside directors influence abnormal accruals?", *Working Paper*, 2004.

[228] Peng, M. W. , Heath, P. S. , "The growth of the firm in

planned economies in transition: Institutions, organizations, and strategic choice", *The Academy of Management Review*, 1996, pp. 492 – 528.

[229] Peng, M. W., Lee, S., Wang, D. Y. L., "What determines the scope of the firm over time", *The Academy of Management Review*, 2005, pp. 622 – 633.

[230] Peng, M. W., "Outside directors and firm performance during institutional transitions", *Strategic Management Journal*, 2004, pp. 453 – 471.

[231] Peng, M. W., "Towards an institution – based view of business strategy", *Asia Pacific Journal of Management*, 2002, pp. 251 – 267.

[232] Peng, W. Q., Wei, K. C. J., Yang, Z., "Tunneling or propping: Evidence from connected transactions in China", *Journal of Corporate Finance*, 2011, pp. 306 – 325.

[233] Pettigrew, A. M., "On studying managerial elites", *Strategic Management Journal*, 1992, pp. 163 – 182.

[234] Porter, M. E., *Competitive Advantage: Creating and Sustaining Superior Performance*, New York: Free Press, 1985.

[235] Porter, M. E., *Competitive Strategy: Techniques for Analyzing Industries and Competitors*, New York: Free Press, 1980.

[236] Preffer, J., "Size and composition of corporate boards of directors: The organization and its environment", *Administrative Science Quarterly*, 1972, pp. 218 – 228.

[237] Preffer, J., Salancik, G. R., *The External Control of Organizations—A Resource Dependence Perspective*, New York: Harper and Row, 1978.

[238] Priem, R. L., Love, L. G., Shafer, M. A., "Executives' perceptions of uncertainty sources: A numerical taxonomy and un-

derlying dimensions", *Journal of Management*, 2002, pp. 725 – 746.

[239] Ravina E. Sapienza, "What do independent directors know? Evidence from their trading", *The Review of Financial Studies*, 2010, pp. 962 – 1003.

[240] Rosenbusch, N., Bausch, A., Galander, A., "The impact of environmental Characteristics on firm performance: A meta – analysis", *Academy of Management Proceedings*, 2007.

[241] Rosenstein, S., Wyatt, J., "Outside directors, board independence, and shareholder wealth", *Journal of Financial Economics*, 1990, pp. 175 – 184.

[242] Schellenger, M. H., Wood, D. D., Tashakori, A., "Board of director composition, shareholder wealth, and dividend policy", *Journal of Management*, 1989, pp. 457 – 467.

[243] Scott, W. R., *Institutions and Organizations: Ideas and Interests*, Sage, 2008.

[244] Scott, W. R., Davis, G. F., *Organizations and Organizing: Rational, Natural, and Open System Perspectives*, Pearson Education International, 2007.

[245] Sharfman, M. P., Dean, J. W., "Conceptualizing and measuring the organizational environment: A multidimensional approach", *Journal of Management*, 1991, pp. 681 – 700.

[246] Sharma, V., "Independent directors and the propensity to pay dividends", *Journal of Corporate Finance*, 2011, pp. 1001 – 1015.

[247] Shleifer, A., Vishny, R., "Politicians and Firms", *Quarterly Journal of Economics*, 1994, pp. 995 – 1025.

[248] Singh, H., Harianto, F., "Management – board relationships, takeover risk, and the adoption of golden parachutes", *The A-*

cademy of Management Journal, 1989, pp. 7 – 24.

[249] Tan, J. J., Litschert, R. J., "Environment – strategy relationship and its performance implications: An empirical study of the Chinese electronics industry", *Strategic Management Journal*, 1994, pp. 1 – 20.

[250] Tan, J. J., Tan, D., "Environment – strategy co – evolution and co – alignment: A staged model of Chinese SOEs under transition", *Strategic Management Journal*, 2005, pp. 141 – 157.

[251] Tang, X., Du, J., Hou, Q., "The effectiveness of the mandatory disclosure of independent directors' opinions: Empirical evidence from China", *Journal of Accounting and Public Policy*, 2013, pp. 89 – 125.

[252] Terjesen, S., Singh, V., "Female presence corporate boards: A multi – country study of environmental context", *Journal of Business Ethics*, 2008, pp. 55 – 63.

[253] Thompson, J., *Organizations in Action: Social Science Bases of Administrative Theory*, McGraw – Hill, 1967.

[254] Tolbert, P., Zucker, L., "Institutional sources of change in the formal structure of organizations: The diffusion of civil service reform", *Administrative Science Quarterly*, 1983, pp. 22 – 39.

[255] Tung, R. L., "Dimensions of organizational environments: An exploratory study of the impact on organization structure", *The Academy of Management Journal*, 1979, pp. 672 – 693.

[256] Wang, C., Xie, F., Zhu, M., "Industry expertise of independent directors and board monitoring", *Journal of Financial and Quantitative Analysis*, 2015, pp. 929 – 962.

[257] Wang, K., Xiao, X., "Controlling shareholders' tunneling and executive compensation: Evidence from China", *Journal of Accounting and Public Policy*, 2011, pp. 89 – 100.

[258] Wang, L. , "Protection or expropriation: Politically connected independent directors in China", *Journal of Banking & Finance*, 2015, pp. 92 – 106.

[259] Weisbach, M. S. , "Outside directors and CEO turnover", *Journal of Financial Economics*, 1988, pp. 431 – 460.

[260] White, R. E. , Hoskisson, R. E. , Yiu, D. W. et al. , "Employment and market innovation in Chinese business group affiliated firms: The role of group control systems", *Management and Organization Review*, 2008, pp. 225 – 256.

[261] Wiersema, M. F. , Zhang, Y. , "Executive turnover in the stock option backdating wave: The impact of social context", *Strategic Management Journal*, 2013, pp. 590 – 609.

[262] Ye, K. , "Independent director cash compensation and earnings management", *Journal of Accounting and Public Policy*, 2014, pp. 391 – 400.

[263] York, J. G. , Venkataraman, S. , "The entrepreneur – environment nexus: Uncertainty, innovation and allocation", *Journal of Business Venture*, 2013, pp. 449 – 463.

后　记

　　本书是在笔者的博士学位论文基础上修改完成的。本书凝聚了我的导师武立东教授的心血。从未后悔自己当年保研时在南开和人大之间选择了前者，因为来南开入恩师门下后，学到了很多东西终生受用。首先，恩师坚定了我做学术研究的信念。以后无论发展到什么程度，一定牢记恩师的教诲，不忘初心，即"把中国管理理论的发展往前推进一小步"。其次，恩师将自己多年以来潜心钻研组织理论的成果倾囊相授，对这些组织理论的掌握能够规避方向性的错误，无论是在学术研究方面，还是在为人处世方面。此外，恩师严谨的工作作风与治学态度深深影响了我。时常会拿出恩师为我修改的论文及教学案例，A4 纸上的圈点批画告诉我一定要精益求精。总之，如陶行知先生所言，恩师"千教万教，教人求真"，我定不负恩师厚望，"千学万学，学做真人"。

　　在南开六年的时间里，得到了许多老师的传道、授业、解惑。这些老师包括李维安教授、马连福教授、李建标教授、薛有志教授、周建教授、古志辉教授、林润辉教授、程新生教授、杨斌教授、袁庆宏教授、万国华教授、张玉利教授、王迎军教授、牛建波副教授、张耀伟副教授、吴德胜副教授、张国萍副教授、李亚副教授。此外，与崔勋教授、任兵教授及田莉副教授的交流亦使我获益良多。感谢他们授予我知识，这些知识是本书得以完成的基础。

　　读博期间，有幸在国家留学基金委的资助下赴美国莱斯大学进行了为期一年的联合培养，这一年的联合培养也对本书的完成大有助益。感谢莱斯大学张燕教授接受了我的申请，在美期间通过参加张老师的 Seminar 及日常的课题讨论，自己的语言及学术水平都取得了一定进步。感恩节在张老师家聚餐时，她给我们分享了她撰写论文的 "first page rule"，即每一次修改都从第一页开始重新进行。那番谈话，使我感受到了张老师治学的严谨。感谢莱斯大学李海洋教授对我在美期间生活上的关怀。感谢罗伯特·霍斯基森（Robert Hoskisson）教授及周京教授邀请我参加他们的 Seminar，与两位教授及战略管理系博士生们的讨论不时迸出思想的火花。联合培养期间，有幸参加了莱斯大学主办的第五届新兴市场战略研讨会，会议期间得遇德州农工大学迈克尔·希特（Michael Hitt）教授，感谢希特教授对我的鼓励。感谢莱斯大学战略管理系博士生师伟、易希薇、陈卓及休斯敦大学会计系博士生邱月等同学，与你们的交流为我提供了一些未来可以尝试的研究课题。尤其感谢师伟同学，在与你的合作过程中受益匪浅。联合培养期间，有幸结识了一些同在美国的访问学者或联合培养博士生，包括瑞士日内瓦大学博士生约翰娜·布伦内德（Johanna Brunneder）、中南财经政法大学工商管理学院石军伟教授、中南财经政法大学会计学院肖浩老师、南京大学商学院张骁教授、厦门大学管理学院王艳艳教授、上海交通大学安泰经济与管理学院博士生陈驰茵等。与这些老师、同学或共享一间办公室，或偶有交谈，但与你们的交流都给了我很多启发。

2016 年 7 月，我拿到了博士学位之后来到首都经济贸易大学工商管理学院工作。如今，工作将近一年。感谢入职以来学院领导、老师们对我各项工作的支持以及对我生活上的关怀。本书的出版离不开你们的鼓励与帮助。

感谢中国社会科学出版社经济与管理出版中心卢小生主任在本书出版过程中的热心帮助与支持。

在本书的数据处理过程中，得到了刘泓好师妹、薛坤坤师弟及上海交通大学安泰经济与管理学院博士生陈驰茵的很多帮助，在此表示感谢。同时感谢博士学位论文匿名评审专家以及答辩委员会的曹廷求教授、严若森教授、王世权教授、薛有志教授对本书提出的修改建议，这些建议使本书更加完善。

最后，将本书献给我的家人！

王凯

2017 年 5 月

于首都经济贸易大学敏行楼